邏輯分析與名辯哲學

葉錦明　著

臺灣 學生書局 印行

序

　　科學思維所用的工具當中，以數學爲首。數學的工作主要在
於証明定理，數學証明所靠的方法完全在於邏輯推理。邏輯的適
用範圍當然不限於數學，任何正確的思考都以不違反邏輯爲先決
條件。

　　依據邏輯來思考問題，進行分析，叫做邏輯分析。邏輯分析
由古希臘至今，一直是「西方哲學正統」所採取的基本方法。傳
統哲學中的邏輯分析是「樸素的」，因爲只有傳統邏輯可用；當代
哲學中的邏輯分析則是精密的，因爲有數理邏輯可憑。

　　有趣的是，雖然邏輯分析這種方法被廣泛應用，但鮮有——
據作者所知是還沒有——從方法學的角度對這種方法的特性、種
類、功能和限度進行全面的、系統性的研究出現。本書上卷就是
這樣的一項研究結果(包括整理出一個中性的、脫離學派牽連的方
法學架構)。

　　一般認爲，西方文化特重邏輯，中國文化弱於邏輯。不管這
個看法能否成立，可以肯定的是：邏輯分析在西方哲學裏是強項，
在中國哲學裏是弱項。以中國哲學裏的名辯之學(或稱「名辯哲學」)
爲範域，探索邏輯分析在此範域內應用的可行性，這是本書下卷
的旨趣所在。

※

　　本書第 1 章基本上不需要具備數理邏輯訓練就可以理解，其他各章最多只需要具備標準一階邏輯、普通數學和微積分範圍內的一些知識就不難理解。當論題涉及這些範圍以外的概念——包括高階邏輯(含公理集論)、模態邏輯、直構邏輯、多值邏輯、模糊邏輯、概率邏輯、抽象代數和拓樸學裏的一些概念——的時候，本書會首先加以界定或說明，然後才進一步作出論述和評估。

※

　　作者跟李天命老師學思考方法和數理邏輯；本書上卷對邏輯分析的研究，從李老師的著作和講述之中得到許多啓發。在此謹致深切的謝意。

　　本書下卷研究邏輯分析在中國名辯哲學裏的應用。作者跟劉述先老師學中國哲學，並從馮耀明教授應用邏輯分析處理中國哲學問題的著作中獲益良多。在此懇致謝忱。

　　若非鄭樹森教授、高辛勇教授、張洪年教授和童若雯教授在教研工作上的指點、鼓勵和扶持，本書難以完成。作者對此深深感謝。

作　者

邏輯分析與名辯哲學

目　　錄

上卷：方法

上卷前言

　　傳統邏輯的精粹，已全部被吸納入數理邏輯裏而成爲其中很小的一些部分。今天的邏輯分析，所用的邏輯每每都是數理邏輯。數理邏輯分析乃嚴格意義上的邏輯分析。至於廣義的邏輯分析，則不但包含數理邏輯分析爲其主體，還包含了語言邏輯分析爲其始基。

　　所謂語言邏輯分析，在此是指根據自然語言的邏輯義理——即 F. Waismann 所說的「自然邏輯」，亦即 G. Ryle、P. F. Strawson 等人所說的「非形式邏輯」——來進行分析的工作。語言邏輯分析又可稱爲「語理分析」。

　　以下第 1 和第 2 章論述語言邏輯分析，第 3 至第 6 章論述數理邏輯分析。[*]

---

[*] 邏輯符號和數學符號的使用依隨慣例，特別是由脈絡來決定符號的「身份」(identity)。例如：(1) 作爲個體常項的「d」有異於微積分裏「dy/dx」之中的「d」。(2)「φ(α)」無異於「φα」，兩者可交替使用；「∧」與「&」亦然。(3) 由脈絡顯示有關符號屬於「使用」還是「提指」，屬於對象語言還是後設語言(元語言)。

1

第 1 章 語言邏輯分析(上)

──日常語言進路

　　後期維根斯坦(the later Wittgenstein)、韋斯登姆(J. Wisdom)、萊爾(G. Ryle)、奧斯丁(J. Austin)等一般所謂「日常語言進路」的哲學家，對語言邏輯分析這種方法的建立，有很大的貢獻。本章嘗試將這些哲學家的一些重要有用的方法學觀念和分析技巧從他們的哲學中篩選出來[1]，加以發揮，予以淨化──使之脫離學派的(包括其「過時與否」的)牽連，而成為中性的思維工具──然後再作出評估。

一、　基本原則

(A) 慣常用法原則

　　除非有允當的理由支持我們違反語言的慣常用法(一般用法)，否則我們要按照慣常用法去使用語言。這個原則被稱為「一

---

[1] Cf. Wisdom [1936-37]; Ryle [1949]; Wittgenstein [1958]; Austin [1962]; Hospers [1967]; Waismann [1968]; Passmore [1968]; Gross [1970]; Munitz [1981]; Davidson [1984]; Dummett [1993]; Crary and Read [2000]; Janik [2001]. 本書多處參考李天命老師的著作和講論，不一一具述。

般用法規則」[2] 或「慣常用法原則」。這個原則並沒有說慣常用法是神聖不可改變的，只是說必須有適當的理由才可以那樣做，否則便會誤會叢生，導致思想混亂。

慣常用法原則看似平平無奇，但其實有非常重要的廣泛應用。現在分析某些決定論者(determinist)的說法，藉以呈示慣常用法原則的方法學涵蘊[3]。

試考察以下的論調：「沒有人須對自己的行為負責，因為所有人都沒有自由，也就是說，任何人在任何時刻都是身不由己的。」

這個說法是決定論在倫理學中有關責任問題的一個引申。讓我們稱這個說法為「D」。D看來與我們的所知衝突。我們都知道，雖然有的人在某些情況下可說是「身不由己」，但大多數人在正常情況下都不是身不由己而是自己決定自己要做甚麼的。為什麼 D 與我們的這種認識不符合？是不是因為決定論者發現了某些我們不知道的新事實？決定論者並沒有像心理學家、生理學家、社會學家、人類學家等人那樣對人的心理、生理、行為等各方面進行實際的研究，並沒有通過觀察、實驗、假設、印証等方法尋求發現關於人類的經驗事實。既然如此，是什麼使得決定論者雖無任何新的事實發現但卻提出 D 這種違反常識的論調？

要回答這個問題，我們先看看決定論者怎樣論証「任何人在任何時刻裏都是身不由己的」這個斷言。決定論者所提出的理由是：「一切東西，包括生物，都處於自然律(物理定律與生物定律等)

---

[2] Hospers [1967], p.7.
[3] 這裏並不是要詳細探討「決定論/非決定論」的問題，此非本文的旨趣所在，這裏只是要呈示慣常用法原則的一些可能的應用。

的作用場之中，人類當然也不能例外。比方在『作用力與反作用力的方向相反而大小相等』、『凡動物皆需要氧氣』等自然律的作用場中，沒有一個人會是例外。我們的行為必須藉著身體來完成。由於我們的身體處於自然律的作用場中，因此，我們都是身不由己的。」

當我們檢查清楚這種決定論者所提出的理由之後，我們發覺，原來決定論者對於「身不由己」這個語辭的使用，並不符合這個語辭的慣常用法。在決定論者對「身不由己」一辭的用法下，任何行為只要是在自然律的作用場中，都可稱為「身不由己」的行為。可是依照這個語辭的慣常用法，有些行為（例如在受到禁錮、遭到暴力脅迫、或患了某類精神病……等等情況之下的行為），固然可以說是「身不由己」的，但有其他許多行為都可以叫做是「由我們自己決定的行為」。身不由己的行為與自己決定的行為這兩者之間可能沒有一條截然二分的界線，不過這並不表示兩者沒有區別。

事實上，我們通常都能夠區分身不由己的行為與自己決定的行為。舉例來說，譬如我現在忽然想寫一個字，在目前我所處的情境中，我可以隨自己喜歡，任意寫甚麼字都可以。比方說我要寫「哲」這個字，我現在就可以這樣寫：

哲

剛才我所做的，便是一種由我自己決定的行為，換言之，我剛才的行為（寫字的行為）可以恰當地用「自己決定的行為」這個語辭來描述。另一方面，假設昨夜我在夢囈中說：「我要一口氣吃三十個蛋糕。」當我說這句夢話時，我的行為（說話的行為）就是一種可稱為「身不由己」的行為。又假如我現在覺得很疲倦，無法控制地

打了一個呵欠，那麼，我這個行爲也是一個可以用「身不由己」一辭來描述的行爲。

　　當我自由地做一件事，例如當我依照自己的決定而寫某個字的時候，或當我身不由己地做一件事，例如當我無法控制地打呵欠的時候，我都是毫無分別地生活在自然律作用場之中的。這表示，自然律的作用與某某行爲是否可稱爲「自由的」或「身不由己的」，其間沒有必然的關連。身不由己的行爲固然是在自然律的作用場中，那些由自己決定的行爲也是在自然律的作用場中進行的。我們把一個行爲叫做「身不由己」或「由自己決定」，並不需要考慮該行爲是否在自然律的作用場內（沒有任何行爲不在自然律的作用場之內），而是需要考慮其他的一些因素，例如考慮該行爲是在自覺、自願、自決的情況下履行的呢，還是在受到暴力、強迫，或患精神病等等情況之下履行的？

　　以上的分析顯示出，決定論者對「身不由己」一辭的使用違反了這個語辭的慣常法。在違反慣常用法的情況下，前述決定論者的論調究竟說了些甚麼呢？原來只不過說出了一個依照慣常用法使用語言就可以表達出來的事實，即：任何人在任何時刻都處身在自然律的作用場中。

　　由是觀之，決定論者對「身不由己」一辭的「新用法」不僅沒有表述出任何新的思想，而且更是有弊無利的。因爲，依照「身不由己」一辭的慣常用法，我們可以用這個語辭去區分兩類不同的行爲，就是區分自願的行爲與被決定的行爲，但是，現在假如放棄了慣常用法而採取那種「新用法」的話，我們就不再能夠用這個語辭去做那種區分了，結果使得這個語辭喪失了它原有的功能。

(B) 同情理解原則

有些分析哲學家在援引慣常用法原則去批判別人的學說扭曲了語言的慣常法時，只著眼於那些學說因違反慣常用法而產生了誤導或思想混淆，例如摩爾(G. E. Moore)對懷疑論的著名批評便是如此。另有些分析哲學家在援引慣常用法原則去進行批判的時候，則抱著一種「同情理解」的態度，一方面揭示所批判的學說因違反慣常用法而產生誤導，另一方面則盡量發掘所批判的學說可能含藏著的洞見。這種著重正反二面的分析，有時被稱爲「診治分析」(therapeutic analysis)。韋斯登姆就是診治分析的代表人物[4]。

診治分析採取這樣的一個「同情理解原則」：就是認爲除非有特殊理由作出相反的假設，否則我們在從事分析時要持著這個「合理性的設定」：即假定在正常情況下，哲學家和其他人一樣，都是有理性的人，他們有些人在提出理論時可能不自覺地違反了慣常用法原則，但他們之所以提出其理論，並不是要無理取鬧，而(往往)是因爲他們有某些真實的問題或洞見，有某些平時被人忽略了的觀點要指陳出來。

就以前述決定論者所謂「所有人都是身不由己的」這個斷言來說，如果採取「同情理解原則」，我們就不會僅僅著重批評決定論者的斷言違反了語言的慣常用法以致產生誤導，我們同時還會著重考察他們的論調是否涵有某些平時被忽略了的要點。依照「身不由己」的慣常用法，我們固然可以說有些行爲是身不由己的，而另外有些行爲則否，因而「身不由己」一詞在日常生活中自有一種重要的區分作用，但要注意的是，慣常用法並不能消除決定論者的問

---

[4] Cf. Wisdom [1936-37].

題,那就是:如果一個行為並非身不由己的行為,那麼該行為通常是要行為者自己負責的,但假如一切行為都在因果鏈之中,都由人們出生之前一長串的原因所造成,那麼還有甚麼理由要行為者自己負責呢?這正是決定論所帶出的一個重大的問題。本文在這裏並不是要深入探討決定論,而只是要以此為例,展示「同情理解原則」的方法學應用。

同情理解原則與當代分析哲學中的著名哲學家戴維森(D. Davidson)的「善意原則」(Principle of charity)是一脈相通的[5]。善意原則主要應用於詮釋的場合,這個原則是說:當我們從事詮釋(包括從事「基原詮釋」,即 radical interpretation)的時候,除非已有証據顯示被詮釋的句子為假,否則應假定那些句子為真。戴維森指出:如果我們無法將一個生物(人)的言辭詮釋為表達了一組大體上一致而真確的信念,那麼,我們就沒有理由將那生物視為理性的,甚至沒有理由認為他所發出的聲音或寫下的筆劃是一種語言[6]。

當然,善意原則並不是要斷定所有被詮釋的語句都一定真確,而只是要求須有合理的根據才可假定被詮釋的語句為假或為荒謬——比如因為當事人相信了當時或當地大家都相信的錯誤觀念,或因為犯了似是而非的謬誤。

眾所周知,日常語言學派拒絕像邏輯實証論那樣排斥形上學,他們的一個著名的論斷就是:「每一陳述都有自己的邏輯」(Every statement has its own logic)。此論斷是否矯枉過正,是另一個問題,這裡只是要指出,這個論斷的出發點,恰恰就是同

---

[5] Cf. Davidson, "Radical Interpretation," in Davidson [1973].
[6] 同上。另參考 Lacey [1982], p.101。

情理解原則。

（C）脈絡辨義原則

　　脈絡辨義原則的要旨在於給出這個提點（reminder）：許多時候，一個語辭在某一脈絡（當時的環境或所在的上下文）之中有清楚的意義，但在另一種脈絡之中出現時卻沒有清楚的意義或甚至根本沒有意義。比方說，在「我的體重有五十公斤」這個句子所構成的脈絡中，「五十公斤」一辭有清楚的意義，但這個語辭在「我對你的懷念有五十公斤」這個句子所構成的脈絡之中卻是意義不清或甚至是沒有意義的。

　　脈絡辨義原則也像慣常用法原則一樣顯得平平無奇，似乎也沒有特別提出來討論的必要。其實不然。這個原則所說的雖是一個平凡的事實，不過，這個平凡的事實卻很容易被人忽略，因而時常被人忽略。有很多問題和言論都犯了這個原則所提示的弊病，以致根本就是一堆意義不清或甚至是沒有意義的問題和言論，但一般人卻沒有察覺，反而以為這類問題與言論「非常玄奧」。一般人之所以有此誤解，正是由於忽略了脈絡辨義原則使然。

　　先看一個簡單的例子：

（a）這張 X 光照片顯示甲先生的心臟有一個洞
（b）虛無是存有的心中的一個洞

　　第一句有相當清晰的意義，第二句卻是意義不明或甚至是沒

9

有意義的。我們知道「那人的心臟有一個洞」是什麼意思，但存在主義者像沙特所謂「虛無是存有的心中的一個洞」卻是什麼意思呢？「心」與「洞」等字眼，在（a）這個脈絡中是有意義的，不過這些字眼在（b）之中出現時，卻使人懷疑它們是否還有意義。

現在再看一個比較詳細的例子[7]，試考慮下面的無窮系列：

（S）　　$1-1+1-1+1-1+1-1+1-1\cdots\cdots$

這個系列的和(sum)是什麼？

（i）有的人會說：「系列 S 的和是 0，因為，這系列裡的數目可以配搭成對，如下所示：

$$(1-1)+(1-1)+(1-1)+\cdots\cdots$$

經過這樣的安排，很容易看出，那系列的和等於 0。」

（ii）另有些人持不同的見解：「系列 S 的和等於 1，因為，我們可以將這系列的首項保持不動，然後從第二項開始將數目配搭成對，於是得到下面的系列：

$$1-(1-1)-(1-1)-(1-1)-\cdots\cdots$$

而這個系列的和顯然等於 1。」

（iii）據數學家尤勒(Euler)的提示，系列 S 的和既不是 0 也

---

[7] Cf. Waismann [1968], Ch.1.

不是 1，而是 1/2。理由是：我們若從這系列的第一項開始數下去，數到第 n 項停止，那麼，如果 n 是偶數，則我們得到的和是 0，如果 n 是奇數，則我們得到的和是 1，但由於 S 有無窮多項，而「無窮多」既不是偶數也不是奇數，因此，S 的和既不是 0 也不是 1，而是 0 與 1 的中數(mean)，即 1/2。

究竟（i）、（ii）、（iii）這三個解答有沒有一個是正確的？如果有的話，哪一個正確？這種問題看似數學問題，其實卻是屬於數理哲學的問題。在此，我們不是因為缺乏了有關的數學知識以致不能確定 S 的和究竟是什麼，而是因為根本不清楚「無窮系列的和」這片語的意思，以致無法回答「無窮系列 S 的和是什麼？」這個意義不明的問題。在此需要做的工作，不是進行數學演算(問題的意義不明，再多的演算也不相干)，而是著手釐清問題的意思，即從「無窮系列 S 的和是什麼？」這個問題倒溯到「『無窮系列的和』是什麼意思？」這樣的問題上去。

一旦醒覺到這個道理，我們便會發覺：原來「無窮系列 S 的和是什麼？」這個問題根本是一個偽贗問題(pseudo-problem)，因為，依據「(算術)和」這個字的慣常用法，這個字只是對有限系列(數列)來說才有定義，對於無窮系列來說則沒有定義，而且也沒有得到任何其他方式的意義解釋。由此可見，前述的（i）、（ii）、（iii）沒有一個是正確的解答，因為 S 根本就沒有「和」之可言，也就是說，「無窮系列 S 的和」這個片語是沒有意義的。

為什麼人們會提出「無窮系列 S 的和是什麼？」這種問題，而沒有一開始就看出這種問題是沒有意義的？那是因為人們沒有發覺到「和」這個字在無窮系列的脈絡中只是一個沒有意義的音響或筆劃，而人們之所以沒有發覺這一點，則是因為這個字在有限系

列的脈絡中是有意義的,於是人們就在不知不覺間以爲這個字在其他脈絡裏也有意義,而忽略了「(算術)『和』僅僅在有限系列的脈絡裏才有意義」這個關鍵要點。

二、　方法技巧

　　以上論述了語言邏輯分析的基本原則,以下論述這種方法所用的一些概念工具(「家族相似性」、「範疇錯誤」)[8]和分析技巧(指認語約問題、構思情境故事)。

(A) 家族相似性

　　我們時常會聽到人們提及事物的本質。所謂「某性質 P 是某事物 K 的本質」這句話的意思是說:P 是一切可稱爲「K」的事物所共有並且特有的屬性。換言之,P 是這樣的一種性質:任何 x 若有性質 P,那麼 x 就是一個 K,並且,任何 x 若缺乏性質 P,那麼 x 就不是一個 K。

　　通常所說的定義,就是把被界定的語辭所指稱的對象的本質描述出來的語句。這種定義叫做「本質定義」。比如「偶數是能被 2 整除的數」就是一個把偶數的本質描述出來的語句,也就是「偶數」一詞的本質定義。

　　在此我們會碰到兩個問題:(1)如果某類事物沒有本質,即

---

[8] 「人」、「石頭」等字眼都表達了概念,但這些概念並不是方法學用來從事分析的概念工具。

缺乏共有而且特有的屬性，那麼我們怎能以同一個共名來指稱那類事物呢？（2）如果某個共名所指的事物沒有本質，因而無法給這個共名找到本質定義，那麼若要釐清這個共名的話，還有甚麼可行的途徑嗎？

維根斯坦在其所著《哲學探究》之中說：「它們（各種遊戲）之間有些什麼共同之處？──不要說：『一定有某些共同點的，否則它們不會都被稱為「遊戲」』── 只要看看是否真有任何共同之處──因為，倘若你察看它們，你將看不到有甚麼地方是共同的，除了一些相似性和關係，以及它們所構成的整個系列。再說一遍：不要(空)想，但要察看！」[9]

這段話是甚麼意思呢？讓我們實際考察一下各種稱為「遊戲」的活動。打麻將與玩紙牌這兩種遊戲之間是有不少共同點的，但它們與足球遊戲或乒乓球遊戲之間卻幾乎沒有甚麼共同之處。捉迷藏與足球遊戲之間又如何？又如猜拳、放炮竹、在沙灘砌沙堆等活動，都可以叫做「遊戲」，卻沒有甚麼性質是這種種遊戲所共有並且特有的。「分勝負」和「有賭博性」也許是搓麻將與「打天九」等遊戲所共有的性質，但這性質並不是放炮竹、砌沙堆等遊戲所必須具有的。或曰：「使人快樂」是剛才提到的各種遊戲共有的性質；但縱使如此，該性質卻不是那些遊戲所特有的，因為，有些我們不叫做「遊戲」的活動，比方好朋友之間的交談，一樣具有「使人快樂」的性質。

基於以上的分析，可以說遊戲並無本質，或者說「遊戲」一詞無法得到一個本質定義。

9　Wittgenstein [1958], p.66.

　　但是，如果遊戲沒有本質，即如果沒有一個性質是各種我們稱之爲「遊戲」的活動所共有和特有的，則爲甚麼那種種活動都叫做「遊戲」？這是因爲某種我們稱之爲「遊戲」的活動 A，在某方面與另一種活動 B 相似，於是我們也就把 B 叫做「遊戲」；而 B 又可能與再一種活動 C 在某方面相似，於是我們也稱 C 爲「遊戲」……如此類推。這種情形可加以推廣，並由下面的圖解表示出來：

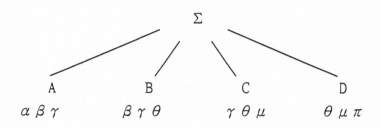

圖中的 A、B、C、D 四者並沒有任何全體共有的性質，而 A 的一組性質 $\alpha\beta\gamma$ 與 D 的一組性質 $\theta\mu\pi$ 之間，更沒有任何共同之處。但我們卻把 A、B、C、D 都叫做「Σ」，正如我們把打麻將、踢足球、捉迷藏、砌沙堆都稱爲「遊戲」。我們之所以把 A、B、C、D 都叫做「Σ」，是由於 A 與 B 在 $\beta\gamma$ 方面相似，B 與 C 在 $\gamma\theta$ 方面相似，C 與 D 在 $\theta\mu$ 方面相似——正如一種遊戲與另一種遊戲在某方面相似，另一種遊戲與再另一種遊戲又在其他方面相似。

　　用維根斯坦的術語來說，上述的相似性就叫做構成了一種「家族相似性」（family resemblance）。有時在一個家族中，老大與老二在面型方面相似，老二與老三在鼻子方面相似，老三與老四在眼

睛方面相似，可是老大與老四卻一點也不相似，但我們仍然會感覺到這個家庭的成員之間有某種相似性。這種相似性就是家族相似性。

如果某個類的分子之間只有家族相似性而沒有共同的本質，那麼我們就無法藉著本質定義去界定那個類。這時若要釐清那個類的概念（釐清其類名）的話，我們就需要通過其他方式來進行，例如通過考察有關概念所涵涉的家族相似性，通過考察其實際用法去釐清那個概念。這正是「家族相似性」在語言邏輯分析這種工作上的一種非常重要的方法學應用。

(B) 範疇錯誤

從事語言邏輯分析的工作時，另一個常用的方法學概念就是首先由萊爾提出的「範疇錯誤」（category mistake）這個概念。

設 E 是這樣的一個語辭：依據 E 的用法，E 可以有意義地用來稱述 H 類的事物而不能有意義地用來稱述 K 類的事物。在此情況下，如果我們用 E 來稱述 K 類的事物，那就犯了範疇錯誤。據萊爾的界定（或「準界定」）來說，如果我們將一個屬於邏輯類型 T1 的語辭當作屬於邏輯類型 T2 的語辭來使用，而 T2 根本不是該語辭所屬的邏輯類型，那麼我們的做法就是一種範疇錯誤。

以上只是對「範疇錯誤」的概念給出了一個抽象說明，下面透過範例（paradigm cases）來闡釋這個概念[10]。

（１）　　假設有個人訪問香港科技大學，別人帶他參觀各個

---

[10] Ryle [1949], Ch.1.

課室、辦公室、圖書館、學生宿舍、運動場、餐廳、康樂室、實驗室、教職員宿舍、泳池、醫療中心⋯⋯之後，他提出了一個問題：「但是大學在哪兒呢？你帶我看了一些課室、圖書館、運動場⋯⋯等等，可是你還沒有帶我去看『香港科技大學』的本身呀。」這個問題就是範疇錯誤的一個例子。由個別的課室、圖書館、辦公室⋯⋯等等所構成的類，不同於由個別的大學、中學、小學等等所構成的類；兩者屬於不同的範疇。用來談及前一個類的分子的語辭，所屬的邏輯類型，讓我們稱之為「C1」；用來談及後一個類的分子的語辭，所屬的邏輯類型，讓我們稱之為「C2」。依此，我們可以說，「香港科技大學」這個名詞屬於邏輯類型 C2 而不屬於 C1。但是在上述那人所提出的問題裡面，「香港科技大學」一詞卻被當作是一個屬於 C1 的語辭來使用，因為該問題意涵著可以這樣說：「我首先參觀香港科技大學的圖書館，再看它的辦公室，然後看它的課室⋯⋯然後再看香港科技大學本身。」這樣的說法顯然是荒謬的。

（2）　假設有個小孩看見一個師團巡行，當他的母親向他指出經過的各個營隊、砲兵中隊、騎兵中隊等等單位之後，他卻問他的母親：「你先前提到的那個師團甚麼時候才會出現呢？」這個小孩在此即犯了範疇錯誤，因為「師團」一詞所屬的邏輯類型，與「營隊」、「砲兵中隊」等詞所屬的邏輯類型不同，可是在那小孩的問題中，「師團」一詞被當作是屬於後一個邏輯類型的語辭來使用。這種錯誤的使用意涵著那師團是同各個營隊、砲兵中隊、騎兵中隊等等平列的另一個東西，但這是錯誤的。那巡行並不是營隊、砲兵中隊、騎兵中隊等等「和」一個師團的前進行列，而是一個師團「的」營隊、砲兵中隊和騎兵中隊等等的前進行列。

（3）　　　有一位對足球運動全無認識的紳士，被他那喜愛足球的女朋友拉了去看足球比賽。女朋友向他解釋了甚麼是前鋒、後衛、龍門等球員的任務。這位紳士問：「我記得你說過，這個球隊的球隊精神是著名的，但剛才你只解釋過前鋒、後衛、龍門等各種球員的任務，卻沒有告訴我誰去負責這球隊的球隊精神。這任務究竟是由哪個球員負責的？」這個問題即顯露出這位紳士犯了範疇錯誤。球隊精神並不是各種打球工夫當中的某一種工夫，而是各種打球工夫所成功地表現出來的一種（比方說）乾淨俐落的風格。「乾淨俐落地」做出一個打球的動作就是以某種方式來做出一個打球的動作，而不是進行兩個動作；「乾淨俐落」並不是一個動作。假如有人說：「當對方一腳射門的時候，我方的龍門球員做了兩個動作──第一個動作是接球，第二個動作是表現乾淨俐落這種球隊精神。」那麼我們可以肯定這個人的說法有範疇錯誤。

　　萊爾批評笛卡兒的心物二元論，認為笛卡兒對「心靈」或「精神」這個概念的使用犯了範疇錯誤，就像上述那位紳士對「球隊精神」這個概念的使用犯了範疇錯誤一樣。在此要指出的是，從事語言邏輯分析時，可以把「範疇錯誤」作為一個中性的方法學概念來用，而不必同時接受萊爾對心物二元論的批評，正如從事數理邏輯分析時可以把「自相矛盾」作為一個中性的方法學概念來使用，而不必（比方說）同意羅素與懷海德對樸素集論的批評，認為樸素集論藏有自相矛盾之處[11]。

---

[11] Cf. Whitehead and Russell [1925-7], Vol. I, Part 1.

(C) 概念問題

有意義的問題通常可分三類：概念問題 / 事實問題(經驗問題) / 價值問題(包括規範問題)。三類問題當中，概念問題具有方法學上的優先性——如果概念不明，意義不清，那就無法有效地探討有關的事實問題和價值問題。

可以用「概念問題」這個概念統括韋斯登姆所提示的「義蘊問題」和「語約問題」，也就是說，概念問題這個類包含了義蘊問題和語約問題兩種。扼要說明如下[12]。

1. 義蘊問題

設 Q 是一個問題，S 是一個或一組陳述句。如果原則上我們只要知道 Q 與 S 的意義（用法）就能斷定 S 是不是 Q 的正確答案，那麼，Q 是一個義蘊問題。簡言之，所謂義蘊問題，就是那些原則上僅僅藉著分析有關語詞的義蘊或用法便可得到答案的問題。例如：

> 「有沒有獨身漢是有婦之夫？」
>
> 「長舌婦是否女人？」
>
> 「牛是不是植物？」
>
> 「2＋5 是否等於 7？」
>
> 「等腰三角形的底角相等嗎？」
>
> 「如果一切東西都佔有空間，而且宇宙並非空無一物，那麼，是否至少有一個東西佔有空間？」

---

[12] Cf. Wisdom, "Philosophical Perplexity," in Rorty, [1967]; Passmore [1966], Ch.18.

這些全是義蘊問題，每一題都是原則上僅僅籍著分析有關語辭的意義或用法便可得到答案的。比如，我們毋需從事經驗調查，只要了解「長舌婦」、「女人」等語詞的意義，便可知道「長舌婦是女人」是上列第二個問題的正確答案。

2.　語約問題

設 Q 是如下所述的一個問題──Q 是沒有確定答案的，其所以沒有確定答案，既不是因為我們沒有進行有關的觀察或實驗，也不是因為我們未能分析清楚有關語詞的意義或用法，而是因為 Q 包含了一些對解答 Q 來說根本沒有確定意義或確定用法的語詞。換言之，Q 含有這樣的語詞 E：在 Q 所構成的脈絡中，E 並沒有確定的用法能使得 Q 有確定的答案(雖然在其他脈絡中 E 可能有確定的用法)。依此，若要 Q 成為一個有確定答案的問題，就必須首先建立某種關於 E 的語言約定 K，使得 E 在 K 的約定下具有確定的用法，從而令 Q 有確定的答案。讓我們把具有上述性質的問題 Q 叫做「語言約定的問題」，簡稱為「語約問題」。例如：

「墮胎是否謀殺？」

「只有三個月大的胎兒算不算是人？」

「稀粥是不是湯的一種？」

「火箭是不是一種特殊的飛機？」

「當一隻狗像紅印第安人攻擊篷車隊那樣沿著圓周向一隻牛攻擊時，如果後者總是把牠的角正面對著前者，並以同樣的快慢順著前者的『圓形攻勢』旋轉，在這情況下，那隻狗算

不算圍繞著那隻牛來跑呢？」

這些全是語約問題。就以第一個問題來說，「x 墮胎」這個句子既不蘊涵「x 謀殺」也不蘊涵「x 沒有謀殺」，由此可知，我們無法僅僅藉著分析「墮胎」、「謀殺」等詞語來解答「墮胎是否謀殺？」這個問題。

如果這個問題無法僅僅藉著分析意義來解答，我們是否能夠透過經驗研究去解答它？也不能。當立法會的議員討論「墮胎是否謀殺？」的時候，假如有人提議：「我們還是暫停討論這個問題吧，讓我們將這個問題交給科學家去解答。如果科學家基於經驗證據發現了墮胎是謀殺，我們就對該問題取肯定的答案；如果科學家基於經驗證據發現了墮胎不是謀殺，我們就對該問題取否定的答案。」假如有人如此提議，那麼可以推想：這人根本誤解了「墮胎是否謀殺？」這個問題的性質。這個問題並不是經驗問題，因為當一個人說「墮胎是謀殺」而另一個人說「墮胎不是謀殺」的時候，雙方的對立本質上並非由於大家對墮胎一事持有互相衝突的經驗証據。由此可見，要解決「墮胎是否謀殺？」的問題，既不能倚靠分析「墮胎」、「謀殺」等詞語的原有意義，也不能依靠觀察、實驗等經驗研究，而是要靠定立語言約定。從法律的觀點看，這叫做立法；從哲學的觀點看，這叫做給「墮胎」與「謀殺」等語詞規定一種新的用法。

有許多問題，尤其是哲學問題，乍看起來像是義蘊問題，或甚至像是經驗問題，但其實卻是語約問題。這類問題常常就是那種徒勞無功的、無休止的爭辯之源。解決這類問題的關鍵，在於把這類問題的「身份」指認出來，揭露出這類問題的語約特性。

　　有些語約問題不管提出怎樣的語言約定去解答它，結果都不會對實際產生什麼重要的影響。比如前面那個「狗鬥牛」的例子，無論約定在那種情況下那隻狗算是「圍繞」著那隻牛跑，還是不算「圍繞」著那隻牛跑，都不會對實際產生任何重要的影響。然而，另外有些語約問題，卻會因應不同的語言約定而對實際產生重要的影響。以「墮胎是否謀殺？」為例，是否約定把墮胎稱為「謀殺」會對人們的實際生活產生重大的影響，因而必須理性地權衡過那些影響之後才決定要採取怎樣的語言約定。

(D) 情境故事

　　日常語言進路的語言邏輯分析，論述到此，已得其方法學要粹——除了一點，就是「通過情境故事(circumstantial story)來釐清概念」[13]這種分析技巧。以下就奧斯丁對感覺基料論(Sense-datum Theory)的批評來展釋這種技巧的運用[14]。

　　依據感覺基料論，關於知覺(perception)的常識看法是錯誤的。常識的看法認為我們可以知覺到實物，但是，感覺基料論認為：我們永不可能知覺到(看到、聽到、摸到……)實物，最低限度不可能直接地知覺到實物，實物頂多只能被我們間接地知覺到，我們所能直接地知覺到的只是感覺基料而已。

　　可從兩個方面考察感覺基料論——

---

[13] 可交替地採用維根斯坦所稱的「語言遊戲」來釐清概念，不贅。
[14] Cf. Austin [1962]; Gross [1970].

· 1 ·

　　假設有一位潛艇水手，在潛艇還沒有潛下水裡的時候，站在甲板上，看見遠處有一條鯨魚。當潛艇潛下水裡之後，這位水手在潛望鏡裡仍然看見那條鯨魚。在前一個情境中，這位水手可說是直接地看見那條鯨魚。在後一個情境中，可以說他是通過潛望鏡間接地看見那鯨魚。

　　再一個情境故事。假設一位女士在房間梳頭，忽然在鏡子裡看見一個陌生人走進房間，於是她回過頭來，看見那人對著她微笑。在這樣的情境中，可以說這位女士首先間接地（通過鏡子）看見那陌生人，跟著再直接地（面對面）看見他。

　　上述兩個情境故事顯示：「直接」和「間接」這兩個詞語用來談及知覺的時候，通常與視線方向的障礙或轉變有關。我們不能說任何人只要戴了眼鏡就只能間接地看見東西。一般而言，眼鏡並不會導致視線方向的障礙或轉變。由於「直接」、「間接」等詞語用來談及知覺時，通常與視線方向的障礙或轉變有關，因而使用這些詞語來談及視覺以外其他種類的知覺時就常會顯得牽強、不自然，有時甚至毫無意義。就以聽覺來說，倘若有人經過音樂會的會場外面時聲稱：「場內的聽眾直接聽到貝多芬的第九交響曲，我就間接地聽到。」我們會覺得這句話有點牽強。

　　此外更有很多情境在其中根本就說不上是「直接」或「間接」地聽到東西。比如，我在山谷中野餐，有人在那裡大聲呼喊，我聽到回聲，在這情境中，我算是「直接地」聽到那呼喊還是「間接地」聽到那呼喊？再考慮觸覺、味覺、嗅覺，這些知覺更是無法有意義地用「直接」或「間接」來描述的，至低限度在一般情況下如此。

我戴著手套跟你握手，感覺到你的手掌「溫厚有力」，這種觸覺是「直接的觸角」還是「間接的觸角」？當我喝荳漿時，那味覺是「直接的」抑或是「間接的」？我直接地嚐到荳漿而間接地嚐到仍未製成荳漿的大荳？至於嗅覺，我們甚至連牽強的、不自然的情境——即牽強地、不自然地說「直接嗅到」或「間接嗅到」的情境——都難以構思出來。

從以上的分析可見，感覺基料論所謂的「直接知覺」與「間接知覺」之分，頂多只能適用於視覺方面，而不能普遍適用於聽覺、觸覺、味覺、嗅覺等等方面。

· 2 ·

但就算單單考慮感覺基料論在視覺方面的說法，我們也不能說這個理論提出了什麼重要的見解，因為這個理論空洞虛浮，沒有給出任何確定的具體內容。此中關鍵在於，「直接地看見」與「間接地看見」這兩個語詞所表示的對比包括了太多不同的對比——比如「我們不能夠直接地看見某某事物而只能間接地看見它」，從這句話我們是難以獲悉任何具體內容的。試設想下面幾個情境故事：

第一個故事從兩個賭徒之間的爭執開始。

賭徒甲：「你一定是偷看了我的底牌，要不然你不會這麼賭法。」

賭徒乙：「我只不過間接地看了你的底牌而已。」

賭徒甲：「間接地看了我的底牌？這是什麼意思？」

賭徒乙：「我的意思是說，我從你所戴眼鏡的反光看見了你手

上拿著的底牌。」

　　第二個故事的場合，是在法庭裡面。

　　證人：「我間接地看見整個案件的發生。」

　　法官：「你說什麼？怎樣算是『間接地看見……』？」

　　證人：「我是說，我看見兇手的影子投在牆上，還看見他的行兇過程在牆上的投影。」

　　第三個故事的發生，是在戰爭期間。

　　士兵：「報告司令，我間接地看見了一架敵機。」

　　司令：「你說什麼鬼東西？怎樣叫做『間接地看見敵機』？」

　　士兵：「我在雷達的螢光幕上看見如此如此的亮點，我把這個叫做『間接地看見敵機』。」

　　司令：「真是飯桶！為什麼這麼多餘，不乾脆一開始就說『從雷達發現敵機』？」

　　以上幾個情境故事顯示，「間接地看見」是一個空洞的、沒有確定內容的語詞，因而「直接地看見」與「間接地看見」之間的劃分也不外是一種空洞的劃分。使用這個語詞的時候，如果要使這個語詞具有明確的內容，那就必須跟著加上解釋。但這麼一來，這個語詞就等於多餘或近乎多餘的了——第三個情境故事裏的司令責罵那個士兵，罵得有道理。

結　語

· 1 ·

上文把日常語言進路的語言邏輯分析各項要素組織起來，予以系統化，構築成為一套普遍適用的、脫離學派牽連的分析方法。譬如「哲學就是概念分析」這個論斷，便只是所謂日常語言哲學的一個學派觀點，在上文所論述的方法框架內並沒有位置。

· 2 ·

在所有不同種類(見以下幾章)的邏輯分析當中，語言邏輯分析是最基本的——人類的思維在根底上、在日常生活中主要都是通過自然語言來進行的；運用數理邏輯作為思維工具則是進一步的事。

· 3 ·

當我們憑著語言邏輯分析就能解決問題時，固然沒有必要用到數理邏輯分析，但有許多專門問題卻是必須借助於數理邏輯分析才能解決的，遇到這些問題的時候，語言邏輯分析就會「技窮」的了。例如：

（1）假設要釐清「三人行必有我師焉」這個說法，憑語

言邏輯分析就可以判定其中「三」的意思並非實說而是虛說，不一定真的要剛好有「三」個人，正如「弱水三千」一語之中的「三」並非實說而是虛說，不一定真的要剛好是「三」千之數。但另一方面，「三劍俠復出江湖」這個說法之中的「三」卻不是虛說而是實說，實指 3 這個數目。在此情況下，要釐清「三」或「3」的意義時，語言邏輯分析就無能為力了，然而通過數理邏輯分析卻可以對「3」的義蘊給出深刻的剖示(見本書第 3 和第 4 章)：

$$(\exists Ex)_3 Fx \equiv \exists x \exists y \exists z [Fx \wedge Fy \wedge Fz \wedge x \neq y \wedge y \neq z \wedge x \neq z]$$
$$\wedge \forall x \forall y \forall z \forall w [(Fx \wedge Fy \wedge Fz \wedge Fw) \rightarrow$$
$$(x=y \vee x=z \vee x=w \vee y=z \vee y=w \vee z=w)]$$

（ 2 ） 語言邏輯分析所用的語言為自然語言，自然語言多有模糊性，於是語言邏輯分析很多時候也帶有或多或少的模糊性，只不過通常所要處理的問題每每不需要很精確的答案，因而語言邏輯分析在一般情況下已能夠滿足解題的需求。但是，一旦碰到解題要求極高的精確度時，語言邏輯分析往往就會束手無策。就以「模糊」這個概念來說，當我們要精確地界定模糊度時，那就無法倚靠語言邏輯分析來進行，然而運用數理邏輯分析則可以給模糊度作出精確妥善的釐定，例如「(線性)模糊度」這個概念便可以釐定如下(見本書第 5 章)：

$$L (\underset{\sim}{A}) = 2\delta (\underset{\sim}{A}, A_{>0.5})[\in [0,1]]$$

其中 δ 為「相對線性距離函數」：

$$\delta\left(\underset{\sim}{A},\underset{\sim}{B}\right)=\frac{1}{\beta-\alpha}\int_{\alpha}^{\beta}\left|\ \mu_{\underset{\sim}{A}}(x)-\mu_{\underset{\sim}{B}}(x)\ \right|dx$$

· 4 ·

　　一語總結：語言邏輯分析在思維方法中可作為起點，但絕非終點。

第2章 語言邏輯分析(下)
──科學語言進路

　　上一章所論的語言邏輯分析，源於日常語言學派。該章的主旨在於從日常語言學派的哲學裏把語言邏輯分析的基本原則和方法工具「提煉」出來，予以淨化和系統化。本章所論的語言邏輯分析，則源於邏輯實証論。本章旨在檢討邏輯實証論的兩個方法學判準，評估其得失，將之轉化爲一套獨立的(脫離學派牽連的)、普遍適用的方法學工具。

　　日常語言學派以日常語言爲本，邏輯實証論則以科學語言爲本。數理科學(邏輯、數學)是分析性的，邏輯實証論即取數理科學的命題作爲楷模，從而建構其「分析判準」。經驗科學(物理學、生物學等)原則上是可驗証的，邏輯實証論便取經驗科學的命題作爲楷模，由是建構其「驗証判準」。

　　以下探討分析判準和驗証判準[1]。

---

[1] Cf. Ayer [1946]; Carnap [1939], [1956]; Friedman [1999]; Grice & Strawson [1956]; Hanfling [1981]; Hempel [1965], II.4; McDonald [2000]; L. Nelson & J. Nelson [2000]; Nordenstam [1972]; Popper [1959], [1963]; Putnam, "The Analytic and the Synthetic," in Putnam [1975]; Quine, "Two Dogmas of Empiricism," in Quine [1961]; 李天命[1981]。

一、 分析判準

　　邏輯實証論作出「分析語句 ／ 綜合語句」(「語句」在此指陳述句,下同)的區分時,可視爲提出了一種「分析判準」──只要能夠判別分析語句,就等於同時能夠判別綜合語句,因爲綜合語句可界定爲非分析的語句。

(A) 「分析 ／ 綜合」區分

　　「分析/綜合」的區分並不是始創於邏輯實証論的,早在萊布尼茲已指出有「理性真理」(truth of reason)和「事實真理」(truth of fact)的分別,後來休謨和康德也有類似的劃分。所不同者乃是邏輯實証論從語意角度著眼,在語言層面上對分析語句和綜合語句進行區分。

　　依據邏輯實証論,分析語句就是那些「單憑語意便足以判定其真假」的語句,而綜合語句則是那些「不能單憑語意分析來判定其真假」的語句[2]。由此定義出發,邏輯實証論進一步斷定分析語句和綜合語句有下述三點不同的性質。

　　第一、依據上述「分析語句」的定義,可以推斷如下:如果 P 是分析語句,則 P 是先驗的。所謂「P 是先驗的」,意思是說,原則上我們只須了解 P 的意思便足以判定其真假,而無須對世界的實際情況進行經驗考察。例如 A:「如果明天下雨那麼明天下雨。」

---

[2] 指廣義的分析語句。

語句 A 的真假是不用觀察明天有沒有下雨來判定的。只要知道「如果」、「那麼」等字眼的意思或用法，就能確定 P 是一個真確的陳述句。

另一方面，如果 P 是綜合語句，則 P 是後驗的。在此約定，所謂「P 是後驗的」，意思是說，如果 P 可判定真假的話，其真假只有通過對世界的實際情況進行經驗考察來判定，而不能只憑分析意義來判定。例如 B：「2002 年全中國有 12 億人口。」我們不能單從字眼的用法來判定 B 的真假，其真假必須通過實際的觀察調查來判定。

第二、分析語句是必然的。也就是說，一個分析語句如果是真的便必然地真，如果是假的便必然地假。所謂「必然地真」是指「在任何可能世界皆為真」，而所謂「必然地假」則是在指「在任何可能世界皆為假」。例如 K：「昨天下雨或者沒有下雨」。假設昨天下雨，則 K 是真的，再假設昨天沒有下雨，在此情況下 K 仍然是真的。由此可見，K 沒有假的可能，它在任何可能世界(即在任何可能情況)之中皆為真，因此是必然地真的。這種語句可稱為「恒真句」，即分析地真的語句。與此相反的語句可稱為「矛盾句」，即分析地假的語句。例如 R：「昨天下雨並且(在同一時空)沒有下雨。」這就是一個矛盾句。十分明顯，R 在任何可能世界之中都不能成立，因此是一個必然地假的語句。(狹義的「分析語句」指恒真句，廣義的「分析語句」則統稱恒真句和矛盾句。)

再看綜合語句，這種語句並沒有上述那種必然性。所有綜合語句都是適然的(contingent)，即是說，一個綜合語句如果是真的，那只是事實上真而不是必然地真，如果是假的，也只是事實上假而不是必然地假。換言之，一個綜合語句縱使是真的，它仍然有

「為假」的可能性，另一方面，一個綜合語句即使是假的，它仍然有「為真」的可能性。例如「凡物體受熱皆膨脹」這個綜合語句，雖然事實上（在我們這個世界中）為真，但可以設想，在某個可能的世界中，物體受熱會收縮，於是這個語句在那個世界裡便是假的了，所以它只是一個適然的語句而已。

第三、由於分析語句是必然的，因此分析地真的語句便容納了一切可能的情況，而分析地假的語句則排斥了一切可能的情況，所以不管是分析地真還是分析地假，都沒有斷定任何一種特定的情況。可以稱這種特性為「沒有實質內容」。簡言之，分析語句都是沒有實質內容的。例如前面所舉的「昨天下雨或者沒有下雨」這個恆真句，並沒有說出究竟昨天有沒有下雨，它根本沒有斷言任何特定的事態，因此是一個沒有實質內容的句子。

然則什麼語句才有實質內容呢？只有（不等於「所有」）綜合語句才可能有實質內容。比如「昨天沒有下雨」這個綜合語句就只容納了「昨天沒有下雨」的情況而排斥了「昨天下雨」的情況，既然如此，這個語句對世界就有特定的描述，因而也就具有實質內容了。

(B) 質疑此區分

以上論述了「分析/綜合」的區分。奎因(W. V. Quine)卻對這個區分提出了嚴厲的批評。[3]依據奎因，一般所稱的分析語句(恆真句，下同)可以分成兩類：一類是「邏輯真理」，那是指邏輯對確

式[4]的代換個例，比如「沒有未婚男子是已婚的」，就是一個邏輯真理；另一類分析語句則可稱爲「準邏輯真理」（quasi-logical truth）。任一語句 P 如果經「同義詞代換」之後就變成邏輯真理，那麼 P 便是一個「準邏輯真理」。例如:「所有單身漢都是未婚的。」這就是一個準邏輯真理。一旦用「未婚男子」一詞代換了「單身漢」一詞，這個準邏輯真理便成爲邏輯真理了。事實上，我們通常會把「未婚男子」和「單身漢」視爲同義詞，經過同義詞代換之後，便可得到「所有未婚男子都是未婚的」，這個句子就表述了邏輯真理。底下的分析表明爲什麼這是一個邏輯真理。

可以把「所有單身漢都是未婚的」這個語句的邏輯結構剖析如下：

以 B 表單身漢，U 表未婚的，M 表男子。

S1: $\forall x\,(Bx \rightarrow Ux)$

$\quad\quad Bx =_{df} Ux \wedge Mx$

S2: $\forall x\,[(Ux \wedge Mx) \rightarrow Ux]$

S1 是準邏輯真理，經同義詞代換之後便可得到 S2，而 S2 顯然是邏輯真理。

奎因對「分析性」的批評主要針對準邏輯真理來著手，即是針對由同義詞代換而得到的分析語句。人們憑什麼來斷定兩個語詞是同義的呢？奎因認爲根本沒有客觀明確的標準可賴以分辨語詞

---

[3] Cf. Quine, "Two Dogmas of Empiricism," in Quine [1961].
[4] 「對確式」（valid formula）也被譯爲「有效式」。

是否同義，理由如下：

1. 通過定義來判定同義

我們能否藉著定義去判別語詞的同義性呢？比如藉著「單身漢=df 未婚的男子」這個定義去斷定「單身漢」和「未婚的男子」是同義詞，這個做法行不行得通呢？奎因認為這個做法行不通，因為——

定義可分三種：報告性的定義（lexical/reportive definition）、規約性的定義（stipulative definition）和釐定性的定義（explicative definition）。報告性的定義是根據字眼的實際用法而產生的，字典上的定義大都屬於這一類。一個報告性的定義（例如 brother=df male sibling）是否正確，要看界定端和被界定端事實上是不是同義詞。因此，以報告性的定義作為同義詞的標準便會產生循環的弊病。

至於規約性的定義(例如「讓我們把具有如此這般的分子結構的元素稱為 β 元素」)，這種定義僅僅通過任意的約定在界定端與被界定端之間建立起同義關係，其任意性使得這種定義無法被用作客觀的標準去分辨兩個語詞「事實上」是不是同義。

最後看看釐定性的定義，這種定義在科學理論中常常都會用到，那就是用比較精確的字眼去界定比較不精確的字眼，例如用「年齡在八十或八十以上的人」去界定「老人」。由於「老人」一詞的意思本來並非恰恰等於「年齡在八十或八十以上的人」的意思，因此「老人（讓我們界定）就是年齡在八十或八十以上的人」這個釐定性的定義就多少帶有規約性。但另一方面，這個定義也不是完全

任意的，因爲它捕捉了「老人」一詞的部分的意思（而且是公認的部分，因爲至少到目前爲止，大家都會同意年齡在八十或八十以上的人可以用「老人」一詞去指稱）。由此觀之，釐定性的定義除了帶有規約性外，同時又帶有報告性（描述性）。依此，釐定性的定義可被視爲界乎規約性與報告性的定義之間的一種定義。但這麼一來，以釐定性的定義作爲分辨同義詞的判準，就無可避免會同時碰到規約性的定義和報告性的定義所碰到的困難了。簡言之，被用做同義詞的判準時，釐定性的定義可說是兼具了報告性的定義和規約性的定義的缺點。

2. 通過代換來判定同義

　　如果定義不能用做分辨同義性的判準，我們能否憑著語詞的「可代換性」（substitutivity）去分辨兩個語詞是否同義呢？所謂兩個語詞 a 和 b 在語句 S 之中「可（互相）代換」，意思是說，在含有 a(或 b)的語句 S 之中，可以用 b(或 a)來代換 a(或 b)，並且經過這樣的代換而得到的語句 S*，與原語句 S 等值。這樣的代換叫做「真值保持不變」（salva veritate）的代換。舉例言之，假設 a 爲「孔明」，b 爲「諸葛亮」，S 爲「孔明是劉備的軍師」，那麼以 b 代換 a 而得到的語句 S*就是「諸葛亮是劉備的軍師」。S 與 S*是等值的，因此上述的代換就是一種真值保持不變的代換。

　　「真值保持不變的代換」這種運作一旦界定之後，我們是否可以通過這種運作去判別語詞的同義性？換言之，我們是否可以說，假如兩個語詞可以進行真值保持不變的代換，那麼這兩個語詞就是同義的？

　　奎因認為以真值保持不變的代換來作為同義性的判準是有毛病的。試考慮「有心臟的動物」和「有腎臟的動物」這兩個語詞。假定在事實世界裡，凡有心臟的動物都是有腎臟的動物，而且凡有腎臟的動物也都是有心臟的動物，那麼，在「人是有心臟的動物」這個語句中，就可以用「有腎臟的動物」一詞去代換「有心臟的動物」一詞，所得到的語句「人是有腎臟的動物」等值於原語句「人是有心臟的動物」，因此這種代換就是一種真值保持不變的代換，然而「有心臟的動物」和「有腎臟的動物」這兩個語詞卻不是同義的——這兩個語詞的外範(extension)雖然相等，其意義或內涵(intension)卻並不相等[5]。

　　總括奎因批評「分析/綜合」的區分時所提出的主要論點：奎因把分析語句分為邏輯真理與準邏輯真理，前者是邏輯定理的代換個例，後者靠同義詞代換而成為邏輯定理的代換個例。奎因認為邏輯真理的判定並沒有理論困難，有理論困難的是準邏輯真理的判定。準邏輯真理的判定有賴於建立同義詞的判準，通常所用的方法是憑定義或憑「真值保持不變的代換」去判定同義性。但依奎因的論證，這些都不能用作有效的判準去分辨語詞是否同義。奎因的結論是：同義性根本沒有客觀明確的判準，因此準邏輯真理也就無法被嚴格地界定。但準邏輯真理是分析語句的一種，因此分析語句所構成的類就包含了一些無法被嚴格界定的元素，既然如此，「分析語句」這個概念也就不能被嚴格地界定，於是「分析/綜合」這個區分亦無法被嚴格地界定。

---

[5] 此外還有些人企圖透過其他的進路（例如用「內涵語言」的進路，或如卡納普用「人工語言」的進路）去界定分析性，而奎因對此都提出了批評。這些細節在此從略。

(C) 肯定此區分

· 1 ·

奎因對「分析/綜合」區分的批評，許多哲學家都對此提出了反批評，其中最著名的是史特勞遜(P. F. Strawson)和格瑞斯(H. P. Grice)所作的反駁[6]。他們的反駁包括兩個要點：

第一、語句集是一個開放集(open set，即無限集或其分子數目不定的集合)，人們事實上能夠在這個集合中相當一致地分辨出分析語句和綜合語句，這表示就算分析語句和綜合語句之間沒有非常精確的分界線，但仍可肯定兩者之間有個約莫的區分。

第二、哲學家給這個區分作出了說明，奎因對那些說明提出了不合理的苛求——要求嚴格的定義。但事實上並非只有通過嚴格的定義才能作出說明的，通過舉例也可以給出約莫的說明。譬如「同義詞」這個概念，就可以通過舉例來說明——例如指出：「犬」和「狗」是同義的，「叔叔」和「父親的弟弟」是同義的，「如果」、「假如」、「倘若」、「要是」等等都是同義的……

基於這些理由，史特勞遜和格瑞斯斷定，基於通過約略的說明，人們大體上是能夠了解分析語句和綜合語句的分別的。

· 2 ·

不但可以肯定「分析/綜合」之間有大致上的區分，而且可以進一步肯定這種區分有非常重要的方法學應用，譬如用來初步釐清

---

[6] Cf. Grice & Strawson [1956]。

（1）邏輯、數學與（2）物理學、生物學、社會學等等之間的基本分別。

廣義的分析語句包括恒真句和矛盾句，狹義的分析語句則僅僅等於恒真句。通常提到分析語句的時候，一般是指恒真句。現在沿用這個慣例，把「分析語句」一詞限於指稱恒真句。由於「命題」就是說得上真假的陳述，所以分析語句也可以叫做「分析命題」。至於綜合語句，其中說得上真假的句子(即綜合真句和綜合假句)則可以稱為「綜合命題」。依此，把「分析/綜合」的區分視為對命題作出了一種劃分，就是把命題劃分為分析命題和綜合命題。這兩種命題的分別，正好用來說明形式科學與經驗科學大體上的分別[7]。

邏輯和數學屬於形式科學，這種科學的命題是分析的，具有「必然」、「先驗」、「不含經驗內容」等屬性。物理學、生物學、社會學等則屬於經驗科學，具有「適然」、「後驗」、「有實質內容」等屬性。例如

$$p \rightarrow p$$
$$((p \rightarrow q) \wedge \sim q) \rightarrow \sim p$$
$$((p \rightarrow q) \wedge (q \rightarrow r)) \rightarrow (p \rightarrow r)$$

等邏輯定理，本質上顯然大異於「作用力與反作用力大小相等，方向相反」、「光的入射角等於其反射角」等物理定律。就以同一律「p→p」來說，這條定理僅僅依據「→」的意思或用法即能成立，因

---

[7] 數學基礎論上的直覺主義者如 Brouwer，以及「可能世界語意學」的代表人物 Kripke，都沒有完全同意這種對形式科學與經驗科學的論定。此處只稱之為「大體上」的分別。

此其代換個例(比如「如果甲有三隻眼，那麼甲有三隻眼」)都是分析命題。這些代換個例在任何情況下皆為真，其為真並不需要靠經驗証據支持，但我們卻無法由這些命題獲知任何特定的事態，所以這些命題是必然、先驗而不含實質內容的。反觀「光的入射角等於其反射角」這個物理定律，不能僅靠意義的分析來建立，因此是綜合命題。假如光的入射角是其反射角的兩倍，在此情況下，「光的入射角等於其反射角」這個命題就被推翻，所以它不是必然的。這個命題要靠經驗証據的支持才能成立，因而屬於後驗。不過，由這個命題可以獲知某些特定的事態，所以這個命題是有實質經驗內容的。

二、驗証判準

　　驗証判準的提出，旨在分辨什麼語句有認知意義什麼語句沒有認知意義。何謂「有認知意義」呢？如果某個語句說得上在什麼情況下為真，在什麼情況下為假，即是說，如果這個語句有真假可言，那麼這個語句就是「有認知意義」的。相反，如果某個語句無所謂在什麼情況下為真，在什麼情況下為假，即是說，如果這個語句沒有真假可言，那麼這個語句就沒有認知意義了。但如何判別一個語句究竟有沒有真假可言呢？

(A) 檢証原則

　　依據邏輯實証論的檢証原則(Verification Principle)，只

有分析語句和原則上可檢証的綜合語句才有真假可言,即有認知意義,其他不屬於這兩個類的語句都沒有有真假可言,也就是沒有認知意義[8]。以下對這個原則作出剖析。

如前所述,(廣義的)分析語句要麼是恒真的,要麼是恒假的。由於這類語句的真假只需要分析句子的意義就能判定,所以凡分析語句都有真假可言。因此,根據檢証原則,凡分析語句都有認知意義。

再看綜合語句,此處採取「綜合語句」一詞的廣義。在此意義下,任何非分析的陳述句都是綜合語句。至於狹義的綜合語句,則等於那些(據邏輯實証論)通得過檢証原則的綜合語句。一個(廣義,下同)綜合語句能否通過檢証原則,這個問題等於問該語句是否原則上可檢証。當一個綜合語句有可能(邏輯上可能)由經驗觀察証實為真時,這個語句就具有「可檢証性」(verifiability)。例如語句 T:「冥王星上有火山。」T 就是原則上有可能由經驗觀察証實為真的句子。雖然目前科學仍缺乏技術去檢查 T 的真假,但只要邏輯上有可能通過經驗觀察去檢查其真假,那麼 T 便有「可檢証性」。即使將來有一天語句 T 被証明為假,它仍然是一個「原則上可檢証」的語句,因為它具有被經驗觀察証實為真的邏輯可能性。

以上扼要闡釋了檢証原則。若要進一步給這個原則建構一種嚴格的邏輯表述,那麼可以把這個原則表述為由下面兩項組成:

(a) 凡分析語句都有認知意義。

(b) 當且僅當綜合語句 S 能夠從有限個互不矛盾的

---

[8] 「語句」在此限指陳述句,下同。至於問句(問題),當且僅當與之相應的答案有認知意義時,該問句可稱為有認知意義。

觀察述句 O1,…, On 推論出來，即是說當且僅當

{O1,…, On} ├──S

則 S 有認知意義。

　　檢証原則經過這樣表述後，就有一種嚴格的邏輯陳構（logical formulation）了。其中（ｂ）項所提到的「觀察述句」（observation statements），是指用來描述由感官知覺直接觀察所得的句子。（ｂ）項規定這些觀察述句的數目必須是有限的，因為人類只能進行有限次數的觀察。此外，（ｂ）項又規定這些觀察述句不可互相矛盾，因為邏輯上已經証明了：由矛盾語句可以推論出任何語句，所以如果容許{ O1,…, On }這個觀察述句的集合有矛盾，那麼任何語句都能夠從{O1,…, On }推論出來了，但（ｂ）項的原意是以「{ O1,…, On } ├──S」來表述「S 是原則上可檢証的」，因此，倘若沒有規定{ O1,…, On }必須不含矛盾的話，那就會導致「任何語句都有可檢証性」這個不合理的後果了。

　　到此，已討論過檢証原則的內容及其邏輯陳構。邏輯實証論者認為，根據檢証原則，形上學的語句是沒有認知意義的。早期的邏輯實証論者即拿著檢証原則作為武器，企圖把形上學摧毀。

　　然而檢証原則本身卻有很大的漏洞，那就是：這個原則如果能夠摧毀形上學的話，它也會摧毀科學。以下說明箇中原委。

　　考慮語句 S：「所有天鵝都是白色的。」這句子提到的「所有天鵝」，構成了一個開放集合。S 是一個涉及開放集合的全稱語句，具有「∀xFx」的邏輯形式。事實上大多數科學定律都跟 S 一樣具有「∀xFx」的邏輯形式。但是根據檢証原則，就綜合語句而言，所有涉及開放集合的全稱語句都是沒有認知意義的，因為根據這個

原則，只有當一個綜合語句有可能通過經驗途徑被証實為真時，該語句才有認知意義，而涉及開放集合的全稱語句的真假要由這個集合的無限多個或可能無限多個元素的真假來決定，可是我們無法從經驗途徑去確定無限多個或可能無限多個元素的真假。簡言之，涉及開放集合的全稱綜合語句不可能被檢証。這麼一來，許多公認有認知意義的語句——包括邏輯實証論者視為「具認知意義之典範」的科學定律——在檢証原則下都會被判為沒有認知意義了。

(B) 否証原則

　　為了修補檢証原則的漏洞，邏輯實証論者考慮採用波栢爾(K. Popper)的「否証原則」(Falsification Principle)來取代檢証原則。波栢爾的否証原則本來是用來區分科學和偽科學的，邏輯實証論者則企圖以此作為意義判準，用來劃分有認知意義的語句和沒有認知意義的語句。

　　依據(邏輯實証論的，下同)否証原則，當且僅當一個綜合語句 S 具有「可否証性」，即原則上可通過經驗觀察被証實為假，那麼 S 就有經驗意義；再者，當且僅當一個語句是分析的或者有經驗意義，那麼該語句就有認知意義。若要嚴格地陳構的話，否証原則可以重述如下：

（a）凡分析語句都有認知意義；
（b）設 S 為綜合語句，當且僅當有一組數目有限且互不矛盾的觀察述句 { O1,⋯, On } 可推論出 S 的否定，即當且僅當 { O1,⋯, On } ⊢── ~S

則 S 有認知意義。

　　一旦採用了否証原則，「所有天鵝都是白色的」（稱之爲 S1）之類的全稱語句就可以被判定爲有認知意義了。要是用檢証原則來衡量的話，S1 是沒有認知意義的，因爲 S1 既非分析語句又不可能被檢証。然而 S1 雖不能被檢証，卻能夠被否証，因爲只要發現了一隻天鵝不是白色的，那就構成了 S1 的反例，足以推翻 S1。結果，縱使現實上沒有非白色的天鵝，但邏輯上是可能有非白色的天鵝的，因此 S1 在原則上有可能被否証，所以按照否証原則，S1 就有認知意義。

　　上述檢証與否証(對於全稱語句)的「邏輯不對稱性」(logical asymmetry)，可由以下兩個句式的差別反映出來，其中(α)是不對確(invalid)的句式，而(β)則是對確的：

(α) 　　　$(Wa_1 \wedge \cdots \wedge Wa_n) \rightarrow \forall x Wx$

(β) 　　　$\sim Wa_i \rightarrow \sim \forall x Wx$

　　假設我們所考慮的論域是天鵝的集合，並將「W」解釋爲「白色」。很明顯，無論 n 是一個多麼大的數目，我們也無法從「n 隻天鵝都是白色的」推論出「所有天鵝都是白色的」。由此可見，(α)是不對確的。但另一方面，只要有某隻天鵝 a_i 不是白色的，那麼我們就能推論「並非所有天鵝都是白色的」。由此可見，(β)是對確的。

　　波栢爾認為[9]，(α)與(β)之間的邏輯不對稱性，恰恰就是檢証與否証之間的不對稱性，從而顯示了否証原則優於檢証原則。

　　但否証原則真的優於檢証原則嗎？在無限論域中，全稱語句不可能被檢証但可能被否証，就此而言，否証原則是優於檢証原則的；然而另一方面，同樣在無限論域中，特稱語句是不可能被否証的，但卻可能被檢証，就此而言，檢証原則又優於否証原則了。

　　舉例說明，讓我們考慮所有天鵝所構成的集合，並假定這個集合是無限或可能無限的，於是我們就需要考慮無限論域。對這個論域來說，像「有的天鵝是黑色的」(S2)之類的特稱語句（其邏輯形式為「$\exists xBx$」）就是不可能被否証的。即使我們觀察過一億隻天鵝都是白天鵝，但這些觀察並不能否証 S2，因為我們總無法保証第一億零一隻天鵝不是黑天鵝。然而，在無限論域中，特稱語句雖不可能被否証，但卻可能被檢証。就以 S2 來說，只要我們碰巧觀察到一隻黑天鵝，那麼 S2 就被檢証了。

　　以上的論點可通過下列兩個句式明確地表述出來。其中第一個句式(γ)是不對確的，這意味著特稱語句在無限論域中不可能被否証；第二個句式(δ)則是對確的，這意味著特稱語句在無限論域中可能被檢証：

(γ)　　　　($\sim Ba_1 \wedge \cdots \wedge \sim Ba_n) \rightarrow \sim \exists xBx$

(δ)　　　　　$Ba_i \rightarrow \exists xBx$

　　基於以上所論，可以說，否証原則用做意義判準時，就像檢

---

[9] Cf. Popper [1959].

証原則一樣有漏洞，只不過兩者的漏洞不同而已。兩種漏洞都是碰到無限論域或開放集合的時候暴露出來的。當我們考慮無限論域或開放集合時，檢証原則的漏洞在於把全稱綜合語句一律判定爲沒有認知意義，否証原則的漏洞則在於把特稱綜合語句一律判定爲沒有認知意義。

(C) 印証原則

　　檢証原則和否証原則有一個共同的邏輯特性，就是企圖從觀察述句演繹出（即邏輯地推論出）待判定的語句或該語句的否定項。詳言之，當我們用檢証原則去判別綜合語句 S 有沒有認知意義時，我們就考慮 S 能否從一組數目有限且互相一致的觀察述句演繹出來；而當我們用否証原則去判別 S 有沒有認知意義時，我們就考慮 S 的否定項(即~S)能否從一組數目有限且互相一致的觀察述句演繹出來。但如前所述，檢証原則和否証原則都有漏洞。邏輯實証論者於是嘗試把演繹的方向倒轉過來，即是說不再要求 S(或~S)能夠從觀察述句演繹出來，而僅僅要求 S 能夠演繹出觀察述句[10]，也就是不再要求 { O1,…, On } ├──S(或~S)，而僅僅要求 S ├──{ O1,…, On }。換言之就是僅僅要求 S 具有「可印証性」。

　　這是一種比較低度的要求。設 S 爲「所有人都有頭而甲乙丙都是人」；從 S 能演繹出「甲有頭」、「乙有頭」等觀察述句，於是如果僅僅要求 S 只要能演繹出觀察述句就有認知意義，那麼 S 就是一個有認知意義的語句了。

---

[10] 通常還要加上輔助假設才能進行演繹。由於這些細節並不影響本文的主要論點，不贅。

這樣把「有認知意義」的要求降低之後，就可得到後期邏輯實証論的「印証原則」(Confirmation Principle)如下：

(a) 凡分析語句都有認知意義；

(b) 設 S 為綜合語句，當且僅當 S 能演繹出

觀察述句，即是說當且僅當

S ├── { O1,…, On }

那麼 S(及其成分子句)就是有認知意義的。

問題是：這個印証原則是否毫無漏洞呢？答案是否定的。因為，如果從某個語句能演繹出觀察述句，那麼從這個語句和任何其他語句結合而成的並聯句也一樣能演繹出那些觀察述句的。換言之，如果 S ├── { O1,…, On }，那麼 (S∧M) ├── { O1,…, On }，其中的 M 可以是任何一個語句。

既然 M 可以是任何一個語句，那就意味著依據這個印証原則，任何語句都有認知意義。但這明顯悖理。

諸如此類的邏輯漏洞[11]，使人有理由相信無論邏輯實証論者怎樣修改他們的驗證判準，只要他們企圖把它建基於邏輯演繹的關係(不管是哪個方向的演繹，{ O1,…, On } ├── S 還是 S ├── { O1,…, On })，結果都會遭遇困難的；簡言之，這個判準是無法被賦予嚴格的邏輯陳構的了。不過，正如艾耶(A. J. Ayer) 指出，一個原則不一定要有絕對保險的邏輯陳構才有效用；只要蘊藏了重要有效的意念，一個原則縱使沒有萬無一失的邏輯陳構，仍是可以不失其

---

[11] 檢証原則、否証原則、(狹義)印証原則等還有其他次要的邏輯漏洞，不必在此一一具述。

爲重要原則的。

依此，現在試把驗証判準再作進一步的放寬，用比較寬鬆的「証據」這個概念去取代絕對嚴格的「邏輯演繹」這個概念，從而把前述的「強印証原則」或「狹義印証原則」修改爲「弱印証原則」或「**廣義印証原則**」如下：

（a）凡分析語句都有認知意義；

（b）設 S 爲綜合語句，當且僅當 S 原則上有可能受到經驗証據的支持，那麼 S 是有認知意義的。[12]

廣義印証原則採用了「証據」這個概念。這個概念當然及不上「邏輯演繹」這個概念那麼嚴格，但卻是一個非常有用的概念──在科學研究和平日生活中常常都需要用到而且常常都會用到這個概念的。

由於邏輯實証論的檢証原則和否証原則都通過「觀察述句」來陳構，因而其所涵涉的「經驗」就限於感官經驗，結果便隱含了經驗論的預設。反之，此處所講的廣義印証原則並沒有把「經驗証據」之中的「經驗」限於感官經驗，並沒有排斥(比方說)「神祕經驗」或「形上經驗」，因而可以作爲一種中性的方法學工具。

---

[12] Cf. 李天命[1981]，Ch.3。

結　語

· 1 ·

分析判準不但可作爲方法學的定性工具(釐定各種陳述/各類知識/各門科學的「身份」),且更可以作爲方法學的批判工具(揭示「分析語句冒充事實陳述而造成空廢命題」)。

· 2 ·

指出某個語句爲分析語句,這只是對該語句作出了定性,並不構成批判。例如把「3＞2」定性爲分析語句時,並不等於批判了「3＞2」這個數學命題。

另一方面,揭示某個分析語句冒充事實陳述,比如有的人把「要發生的終究是要發生的」這個分析語句當作事實陳述提出來,指出這點就構成了一種批判。

· 3 ·

同分析判準一樣,驗証判準不但可作爲方法學的定性工具(分辨哪些說法具有認知意義,哪些沒有認知意義),且更可以作爲方法學的批判工具(揭示「缺乏認知意義的陳述冒充有認知意義而造成僞贗命題」)。

· 4 ·

同理，指出某個說法沒有認知意義，這只是對該說法作出了定性，並不構成批判。例如把德國詩人荷爾德林的詩句「清凌凌的源頭是個謎，歌聲也不准將它揭開」定性爲沒有認知意義，這並不等於批判了那個詩句，因爲詩句並無必要具有認知意義。

但另一方面，揭示某個企圖描述客觀事態的言論其實缺乏認知意義，那就是一種批判了。比如海德格的「Nothing nothings」這個說法，若能揭示這個說法企圖描述客觀事態但卻沒有認知意義，那就構成了對這個說法的一種批判。

· 5 ·

分析判準和驗証判準都可用來作爲批判的利器，這並無礙於這兩個判準本身之爲中性的方法學工具，正如「循環論証」這個概念在方法學裏是一個非常重要的概念工具，常被用來作爲批判的利器，但這並無礙於這個概念本身爲中性的──譬如甲批判乙的理論含有循環論証，乙反駁時就試圖辯明自己的理論並沒有循環論証，雙方對立，但都同樣使用了「循環論証」這個方法學概念。

第 3 章　標準邏輯分析

──數理邏輯分析(Ⅰ)

　　數理邏輯的主體由經典一階邏輯和經典高階邏輯組成。經典一階邏輯稱為「標準一階邏輯」，簡稱為「標準邏輯」。標準邏輯是全部數理邏輯最基本的部分。用標準邏輯作為分析的工具，從事分析，在此稱為「標準邏輯分析」[1]。

　　標準邏輯分析有兩大功能：在消極方面澄清思想混淆，在積極方面釐定概念義蘊。

一、　澄清與釐定

(A)　澄清思想混淆

　　哲學上或思想上的困擾，有很大一部分是因為我們對語言的使用過於粗鬆而引起的。譬如所謂「『有』(Being)的問題」與「『無』(Nothing)的問題」所引起的困擾，便是由於(或部分由於)在自然語言中，「有」和「無」這些字眼可被當作名詞來使用。要看出其

---

[1] Cf. Carnap [1936-37],[1958],[1967];Hochberg [2001]; Hylton [1992]; Lambert[2001]; Linsky [1967], [1977]; Quine [1960]; Reichenbach [1966]; Russell [1905], [1918-19], [1919]; Strawson [1950], [1952]; Whitehead & Russell [1925-27],Vol. 1.

不當之處，讓我們先看看下面的語句：

(P1) If God runs faster than light, then there is something
     which runs faster than light.

語句(P1)是邏輯真句，它是

(P2) $F(x,y) \rightarrow \exists z F(z,y)$

的一個代換個例，而(P2)是一條邏輯對確式。現在以「nothing」
這個字代換(P2)之中的自由變元「x」[「F」與「y」的語意解釋則
本於(P1)]：

(P3) If nothing runs faster than light, then there is
     something which runs faster than light.

顯然，(P3)不是邏輯真句。但如果(P3)是(P2)的代換個例，那麼(P3)
應是邏輯真句，因為邏輯對確式的任何代換個例都是邏輯真句，而
(P2)是一條邏輯對確式。這裡的毛病出在甚麼地方？毛病在於(P3)
雖然看起來像是(P2)的代換個例，但其實不然。當我們要為(P2)
找代換個例時，按照邏輯的語意規則，其中的自由變元「x」只能
用名詞或詞項來代換(其中的「y」亦如是)。而「nothing」這個字
雖在文法書或字典裏被列為名詞，但在邏輯上，這個字並不是名詞
或詞項，而是一個否定的量符(quantifier)，因此不能用它去代換
上式中的自由變元。

若要澄清上述「nothing」一字所引起的混淆，並改正(P3)的誤導形式，我們可以把(P3)的邏輯結構陳示如下：

(P4)　　～∃xF(x,y)→∃xF(x,y)

「nothing」在(P4)之中被分析為「～∃x」，這樣的分析把「nothing」的邏輯範疇顯露了出來：這個字是一個否定的量符，而不是名詞。容易看出，(P4)不是邏輯對確式。既然如此，我們就不會因為(P3)不是邏輯真句而覺得有任何困惑之處了。

（以上只是給「nothing」做了一番邏輯分析的工作，可以通過類似的方式去分析「being」。分析的結果顯示，這個字在邏輯上也不是名詞或詞項，而是一個肯定的量符。它是「nothing」的否定，即：「∃x」。）

(B) 釐定概念義蘊

卡納普(R. Carnap)創出構造「還原句」(reduction sentences)的技巧來處理棘手的傾向詞項(disposition terms)的問題，正可作為應用標準邏輯來釐定(在一定程度上釐定概念義蘊的一次範例展示。

例如「可溶於水」這個傾向詞項，乍看之下似乎可以這樣界定：

（D）　　Q3(x)≡∀t[Q1(x,t)→Q2(x,t)]

式中「Q1(x，t)」意謂「物體 x 在時間 t 中被置於水裏」,「Q2(x，t)」意謂「物體 x 在時間 t 中溶解於水裏」,「Q3(x)」意謂「物體 x 可溶於水」。但如果考慮到邏輯連詞「→」的真值表定義,那就立刻可以發現(D)不能恰當地界定「可溶於水」這個傾向詞項,因為,根據(D),任何 x（縱然是一塊鑽石）只要沒有被置於水中,那麼 x 就符合「可溶於水」的條件,但這顯然悖理,違反了「可溶於水」的原義。

如果「可溶於水」無法通過像(D)那樣的外顯定義(explicit definition)來界定,那麼當一個陳述句 S 含有「可溶於水」這個傾向詞項時,那就難以確定怎樣算是印証了 S。為了解決這個問題,卡納普提出了其著名的「還原句」的分析技巧。

假設我們要把一個新的謂詞 P 引入原有的語言 L 之中,並假設 O1、O2、O3、O4 為 L 之中的觀察謂詞(描述可觀察情境的詞語),那麼,如果下列(R1)和(R2)成立,則(R1 & R2)就構成了可用來把 P 引入 L 之中的一對還原句(沿用卡納普的省略寫法):

(R1)　　$O1 \rightarrow (O2 \rightarrow P)$
(R2)　　$O3 \rightarrow (O4 \rightarrow \sim P)$

這樣的還原句組(R1 & R2)就能夠避免定義(D)的毛病了。

但須注意,採用還原句的技巧也要付出一定的「代價」,那就是:當

$$\sim((O1 \wedge O2) \vee (O3 \wedge O4))$$

為真的時候，P 的意義並沒有得到規定。也就是說，在這情況下 P 並沒有被成功引入 L 之中。

　　總括而言，還原句組所給出的是局部界定，這固然不如（D）那樣是一種完全的界定，但同時也正好避免了（D）的悖謬性，而且確能在一定程度上釐定了 P 的義蘊。

二、　分析的典範：描述論

　　羅素的描述論(Theory of Description)是他的哲學之中最重要的一個理論。羅素常常對自己以前的觀點提出嚴厲的批評或重大的修改，但描述論卻是例外。他自始至終認為這個理論是正確的[2]。事實上，自從描述論提出之後，至史特勞遜(P.F. Strawson)發表他的〈論指涉〉一文為止[3]，在這四十多年之間，描述論沒有受過任何嚴厲的攻擊。這一現象，在當代西方哲學(特別是分析哲學)的圈內，是稀有的或甚至是僅有的。描述論在現當代哲學上的地位，可以從雷姆塞(F.P. Ramsey)、萊爾、林斯基(L. Linsky)等人對它所作的評價見其一斑。這些哲學家全都認為：描述論是「哲學的典範」(Paradigm of Philosophy)[4]。這個「哲學的典範」同時也可以視為標準邏輯分析的一個典範。

---

[2] Cf. Russell [1946], Ch.31.
[3] Cf. Strawson [1950].
[4] Cf. Linsky [1967].

(A) 從對象論到描述論

要探討描述論，最好先從邁農(A.von Meinong)的對象論(Theory of Objects)開始。從邁農的觀點看，對象有下述各種不同的類別。某些對象，例如一片綠色的樹葉，是存在的(existing)。另外有些對象，例如紅與綠之間的「差異」，不算是存在的但卻是真實的(real)，因為，紅與綠之間的差異，雖然不像一本紅色的書或一片綠色的樹葉那樣具體地存在，但卻能夠稱得上是一種「真實的差異」。這些真實的非存在者(real non-existents)，可說是潛存的(subsisting)。除此之外，還有一類對象，比如金山、龜毛，甚至「圓方」，它們既不是存在的也不是潛存的，但邁農認為它們仍然不失為一種對象，即是一種在「存有」(存在或潛存)的範圍以外的對象。略去這種對象而不加以探究，在邁農看來，那只不過是哲學習慣上的一種偏見而已[5]。

對象論有些什麼哲學作用呢?扼要論述如下。

設想某個故事說，有一個像喜馬拉雅山那麼大的金山。再設想某甲聽到這個故事之後說:「這個金山並不存在」。甲說的這句話似乎有些古怪，那就是:這句話本身似乎暗示了有一個東西被「這個金山」一詞指謂着。(如果看不出這一點，那麼試設想有人反問甲:「什麼東西你說它不存在?」)但如果「這個金山」一詞指謂着一個東西，那麼當我們斷言這個東西不存在時，我們的斷言豈不是假的?可是當我們聽到上面的故事而斷言「這個金山不存在」時，我們所作的斷言又顯然是真的。到底該怎樣處理這個問題以及類似的問題?

　　這類問題從古希臘哲學的時候就已經被發現，幾千年來，一直困擾着哲學家而沒有得到圓滿的解決。現在如果從對象論的觀點看，這種問題似乎就可以得到解決。因為，當我們按照邁農的方式把對象劃分之後，像「這個金山並不存在」之類的語句，就無須被解釋為斷說「有」一個東西不存在（即無須被解釋為斷說有個「存在的」東西不存在），反之，依據對象論，我們可以將那句話解釋為斷說某個「在存有範域以外」的對象不存在，而從邁農的觀點看，這樣的斷說並沒有任何不妥。

　　然而，就算在對象論的理論脈絡內，「這個金山並不存在」之類的句子所引起的問題得到了解決，但對象論這個理論本身卻有嚴重的缺點，因為這個理論引來了一堆古怪荒誕的元目（例如「金山」、「龜毛」、「圓方」、「這個當代的法國皇帝」，等等），而根據「奧坎剃刀原則」（Principle of Occam's Razor），如此增加不必要的元目，是不可接受的。

　　除了違反簡單性原則（奧坎剃刀原則）之外，對象論還有更嚴重的弊病，就是會導致違反邏輯原則（違反矛盾律）。

　　考慮以下的語句：「這個當代的法國皇帝是禿子」。雖然在當代法國根本沒有皇帝，但基於對象論，「這個當代的法國皇帝」一語卻仍會被視為指涉着某個對象：某個在存有範域以外的對象。關於這樣的對象，無論我們說它有或說它沒有某某性質，看來皆無不可，因為，既然這樣的對象根本不存在，那麼當我們說它有（或說它沒有）某某性質時，總不會有人能夠指出任何事實來反駁我們的說法。譬如當我斷說「這個當代的法國皇帝是禿子」的時候，顯然沒有人能夠指出有一個被「這個當代的法國皇帝」這片語指謂着的

---

5 Cf. Passmore [1966], Ch. 8; Linsky [1967].

而且是有頭髮的東西(即一個有頭髮的當代法國皇帝)來反駁我的
說法;同理,當我斷說「這個當代的法國皇帝不是禿子」的時候,
也沒有人能夠指出一個禿頭的當代法國皇帝來作爲對我的斷言的
駁斥。這麼一來,我們豈不是可以隨意斷說「這個當代的法國皇帝
是禿子」以及「這個當代的法國皇帝不是禿子」嗎?但這看來是違
反邏輯矛盾律的。

上述困惑乃由於順着對象論去解釋「這個當代的法國皇帝是
禿子」而導致。由於我們假定了「這個當代的法國皇帝」一語指涉
着一個對象,而「這個當代的法國皇帝是禿子」這句話則斷說該對
象有某某性質,結果就陷入了上述的困境之中。

描述論的重要效用之一,就是能夠透過標準邏輯分析去消解
「這個金山不存在」、「這個當代的法國皇帝是禿子」之類的語句所
引起的哲學困擾。

以下對描述論作一剖析。

(B) 對「E! (ɩx) F(x)」的分析

描述詞可分兩種,一種是確定描述詞(definite
descriptions),另一種是不定描述詞(indefinite
descriptions)。前者比較容易引起思想混淆。描述論主要即在於
針對確定描述詞進行邏輯分析。

描述詞(指確定描述詞,下同)是具有「這個如此如此」(the
so-and-so)這種形式的片語。例如「這個人」、「這張椅子」、「這個
金山」、「這個當代的法國皇帝」、「這個介乎3與5之間的自然數」
等等片語,都是描述詞。依羅素與懷海德的《數學原理》(*Principia*

Mathematica)一書[6]，那些具有「這個如此如此(的x)是存在的」這種形式的語句，可用下面的符號式來表述：

(R1)   E!(ι x)F(x)[7]

其中「E!」表示「存在」，「ι x」表示「這個x」，「F(x)」表示「x如此如此」。整個語式(R1)可以讀成：「這個具有性質F(即具有如此如此性質)的x是存在的」。分析有關語辭的意義或用法，可以看出，假如「這個具有性質F的x是存在的」是真的，那麼「至少有一個x具有性質F」也是真的。因此得到：

(R2)   E!(ι x)F(x)→∃xF(x)

進一步的分析顯示：如果(R1)成立，那就可以斷言：至多有一個x具有性質F。這是因為：「這個」這個確定冠詞(definite article)意含着：跟在這個詞之後的「如此如此」一詞，在當時的語境裏，所描述的物項不會超過一個。比方說，在某個談話的場合或語境中，假設有兩個或兩個以上的哲學家在場，在此情況下，如果僅僅說「這個哲學家……」而不以其他方式來對這句話加以限定，那麼這句話就有誤導性，因為它意涵着當時至多有一個哲學家在場，但其實卻有多於一個，結果別人就不知道我們究竟要指「哪」一個哲學家。基於以上的分析，可以得到：

---

[6] 此外，Russell[1905],[1918-19],[1919]等著作亦對描述論有所闡釋。另一方面，Lambert[2001]企圖用自由邏輯來處理有關問題，不贅。

[7] 這裏所用的符號基本依照現時邏輯書的一般習慣，與羅素原來的符號稍微有異。

(R3)　　　　$E!(\iota x)F(x) \rightarrow \forall x \forall y[(F(x) \& F(y)) \rightarrow (x=y)]$

反過來說,如果至少有一個 x 具有性質 F 並且至多有一個 x 具有性質 F,那就可以斷言「這個 x 具有性質 F」。換言之,(R2)與(R3)兩式的後項的並聯式蘊涵着(R1),即是說:

(R4)　　　$[\exists xF(x) \& \forall x \forall y[(F(x) \& F(y)) \rightarrow (x=y)]] \rightarrow E!(\iota x)F(x)$

經過簡單的邏輯變換,基於(R2)—(R4),可以推演出[8]:

(R5)　　　　$E!(\iota x)F(x) \equiv \exists y \forall x[F(x) \equiv (x=y)]$

　　描述論的第一個要點,就是(R5)所陳示的對「$E!(\iota x)F(x)$」的邏輯分析。依據這項分析,「這個金山並不存在」、「這個圓方並不存在」等具有「$E!(\iota x)F(x)$」這種形式的句子,都可以轉換為具有「$\sim\exists y \forall x[F(x) \equiv (x=y)]$」這種形式的句子,於是就能消去「這個金山並不存在」等語句所引起的困惑,因為,這種困惑的來源在於假定了「$\sim E!(\iota x)F(x)$」這種語句是主謂式語句而且主謂式語句的主詞總會指涉着某個元目,但現在(R5)卻顯示出,我們最多只能說「$\sim E!(\iota x)F(x)$」在表面看來(即從普通文法的觀點看)是主謂式語句,然而就其邏輯結構來看,「$\sim E!(\iota x)F(x)$」其實不是主謂式語句而是否定式的存在語句(或稱為「否定式的存在命題」)。

　　這麼一來,對於「$\sim E!(\iota x)F(x)$」來說,就不會有「這個句子

---

[8] (R5)可以視為「$E!(\iota x)F(x)$」的定義。如果我們將(R5)視為定義,那麼(R2)—(R4)可以看作是這個定義的根據。下面的(R8),在這方面與(R5)的情況相似。

的主語指謂着甚麼？」的問題產生，更無須把「這個金山並不存在」等語句解釋為該語句的主詞指涉着一個東西而同時該語句本身卻斷說那個東西不存在，因為依據(R5)，「這個金山並不存在」只不過是說：「並非至少有一個且至多有一個 x 是金山」吧了。

(C) 對「G(ι x)F(x)」的分析

論述過「這個金山並不存在」等語句的邏輯分析之後，現在進一步討論「這個當代的法國皇帝是禿子」等語句的邏輯分析。

首先把「這個當代的法國皇帝是禿子」等語句表述如下：

(R6)　　　G(ι x)F(x)

上式的意思是說：「這個具有性質 F 的 x 具有性質 G」；　更簡單的讀法是：「這個 F 是 G」。

在標準邏輯裏，可以把(R6)分析為下面三個句子的並聯：(a)至少有一個 x 是 F，(b)至多有一個 x 是 F，(c)無論 x 是什麼，如果 x 是 F 則 x 是 G：

(R7)　　　$G(\iota x)F(x) \equiv [\exists xF(x) \& \forall x \forall y[(F(x)\&F(y)) \rightarrow (x=y)] \& \forall x[F(x) \rightarrow G(x)]]$

通過邏輯推演，(R7)可以化簡為：

(R8)　　　$[G(\iota x)F(x)] \equiv \exists y[\forall x(F(x) \equiv (x=y)) \& G(y)]$

　　描述論的第二個要點——通常被視爲描述論的核心——就是(R8)所展示的對「G(ιx)F(x)」的邏輯分析。基於這項分析，具有「G(ιx)F(x)」這種形式的句子都可以轉換爲具有「∃y[∀x(F(x)≡(x=y))&G(y)]」這種形式的句子。就以「這個當代的法國皇帝是禿子」爲例，依據(R8)，這個語句可以分析爲：「至少有一個這樣的 y，無論 x 是甚麼，x 是當代的法國皇帝當且僅當 x 與 y 是同一的，再者，y 是禿子」。更簡單地說，「這個當代的法國皇帝是禿子」可以分析爲「恰恰有一個 x 是當代的法國皇帝而該 x 是禿子」。

　　經過以上的分析之後，前述「這個當代的法國皇帝是禿子」等語句所引起的困惑就消解了——因爲(R8)顯示，「G(ιx)F(x)」亦不是主謂式語句而是存在語句，故此不會產生「這個語句的主詞指涉着什麼？」的問題。顯然，基於(R8)，我們無須找到一個有頭髮的當代法國皇帝去否定「這個當代的法國皇帝是禿子」，反之，我們只要指出當代沒有法國皇帝，就能夠對「這個當代的法國皇帝是禿子」一語加以否定了。*

---

*本節原屬拙作[1994]，現經修訂。

結　語

·1·

　　以上通過範例展述了標準邏輯分析的特性和效用。標準邏輯分析的工具──經典一階邏輯──包含了思維所需的最基本[9]、最普遍適用的概念和法則。「非」（～）、「如果」（→）、「或者」（∨）、「並且」（∧）、「當且僅當」（≡）、「有」（∃）、「所有」（∀）、「同一」（＝），等等，就是這樣的概念。刻劃這些概念的邏輯法則當中，最常用的包括下列各條：

$p \to p$	同一律
$p \vee {\sim}p$	排中律
${\sim}(p \wedge {\sim}p)$	矛盾律
$p \equiv {\sim}{\sim}p$	雙重否定律
$((p \to q) \wedge p) \to q$	正斷式
$((p \to q) \wedge {\sim}q) \to {\sim}p$	逆斷式
$(p \to q) \equiv ({\sim}q \to {\sim}p)$	換位式
$((p \to q) \wedge (q \to r)) \to (p \to r)$	假言三段式
$((p \vee q) \wedge {\sim}p) \to q$	選言三段式

---

[9] 基本(basic/fundamental)不必是基始(primitive)。

$((p\to q)\wedge(\sim p\to q))\to q)$	兩難式(之一)
$((p\to r)\wedge(q\to r)\wedge(p\vee q))\to r$	兩難式(之二)
$((p\to q)\wedge(r\to s)\wedge(p\vee r))\to(q\vee s)$	兩難式(之三)
$\sim(p\wedge q)\equiv(\sim p\vee\sim q)$	狄摩根律(之一)
$\sim(p\vee q)\equiv(\sim p\wedge\sim q)$	狄摩根律(之二)
$(p\vee q)\equiv(q\vee p)$	交換律(之一)
$(p\wedge q)\equiv(q\wedge p)$	交換律(之二)
$(p\vee(q\vee r))\equiv((p\vee q)\vee r)$	結合律(之一)
$(p\wedge(q\wedge r))\equiv((p\wedge q)\wedge r)$	結合律(之二)
$(p\wedge(q\vee r))\equiv((p\wedge q)\vee(p\wedge r))$	分配律(之一)
$(p\vee(q\wedge r))\equiv((p\vee q)\wedge(p\vee r))$	分配律(之二)
$\forall xFx\to Fy$	全稱取例式
$Fy\to\exists xFx$	存在推廣式
$\forall x\forall y((x=y\wedge Fx)\to Fy)$	代換律
$\forall x\forall y((x=y\equiv y=x)$	對稱律
$\forall x\forall y\forall z((x=y\wedge y=z)\to x=z)$	傳遞律

....

　　只要審察一下上列邏輯法則的意義，便可看出這些都是最基本的、普遍適用的思維法則，平常思考的時候都需要(自覺或不自覺地)應用，進行數學推理的時候就更有必要處處應用。問題是：既然這些思維法則是數學推理或數學証明的方法憑藉，那麼採用數學方法來研究邏輯——此即數理邏輯之所以為數理邏輯——豈非惡性循環？答案是否定的。我們固然必須自覺或不自覺地掌握了一些基本的邏輯法則(譬如知道矛盾必為錯謬，知道同一律必須遵

守，知道對稱律必然成立），然後才能有效地研究數學，但當我們掌握了相當程度的數學之後，我們就能反過來用數學方法去研究邏輯的，就像建築樓房的時候，首先造好第一層，然後憑著第一層來搭起棚架，再依靠棚架去建造第二層……

・2・

經典邏輯以「A→B」來表述「如果 A，則 B」這種形式的命題，產生了所謂「實質涵蘊的悖論」：

（1）　　　　　$p \rightarrow (q \rightarrow p)$

（2）　　　　　$\sim p \rightarrow (p \rightarrow q)$

但這個所謂的悖論，其實根本不是悖論——（1）、（2）兩式明顯為恒真式，明顯具有邏輯對確性。其所以被誤解為悖論，不外因為誤解者忽略了「A→B」在標準邏輯裏由始至終僅僅用來捕捉日常語言裏的「如果 A 則 B」的核心義蘊，即：

$$\sim(A \wedge \sim B)$$

而不是要來捕捉「如果 A 則 B」的全部義蘊的。這個核心義蘊對於對確推理(前提若真則必然地結論亦真)的目的來說，包括對於數學推理來說，已經足夠。

· 3 ·

　　標準邏輯「不足夠」的地方，不在於 $(A\rightarrow B)\equiv \sim (A\wedge \sim B)$ 而在於(主要在於)對數學這位「科學之后」或「科學之王」進行分析時，未足以作爲一種完備的分析工具。就以第 1 章結語提及的「三個劍俠復出江湖」爲例，循着描述論的思路，可以應用標準邏輯把它分析爲：

$$(\exists Ex)_3Fx \equiv \exists x\exists y\exists z[Fx \wedge Fy \wedge Fz \wedge x\neq y \wedge y\neq z \wedge x\neq z]$$
$$\wedge \forall x\forall y\forall z\forall w[(Fx \wedge Fy \wedge Fz \wedge Fw)\rightarrow$$
$$(x=y \vee x=z \vee x=w \vee y=z \vee y=w \vee z=w)]$$

然而單獨的「3」這個自然數本身，卻無法單靠標準邏輯分析將其義蘊剖示出來。若要對「3」這個自然數作出妥善的邏輯分析，那就需要援用高階邏輯。高階邏輯分析正是下一章的主題所在。

第 4 章 高階邏輯分析

──數理邏輯分析(Ⅱ)

標準邏輯乃現代邏輯的基礎部門。在此基礎上，籍著擴充量符(量詞)的指涉範域，可以建構出數理邏輯之中最重要、最強有力的部門，那就是高階邏輯。所謂「經典邏輯」，就是「標準邏輯 ＋ 高階邏輯」。邏輯分析一旦應用了高階邏輯作為分析利器時，那就可謂如虎添翼了。試論述如下[1]。

一、高階邏輯及其集論版本

（H）　　　　　　　般若智是聖者的一個性質
　　　　　　　　　孔子具備所有的聖者性質
　∴　　孔子具備般若智

H 是一個對確的論証，但要用標準邏輯來分析這個論証的話，卻會遇上很大的困難，因為在標準邏輯之中，量符的指涉範圍只涵蓋個

---

[1] Cf. Bell[2000]; Carnap[1958]; Grandy[1979]; Hallett[1984]; Lemmon[1968]; Machover[1996]; Mayberry[2000]; Mendelson[1997] (1st ed. 1964); Quine[1951], [1961], [1970]; Reichenbach[1966]; Russell[1919]; Whitehead & Russell[1925-27] (Vol. 1).

體,因而不能把性質和關係量化,然而若要對論証 H 作出妥貼的分析以顯出其為對確,卻需要把性質量化,從而反映出「所有的『聖者性質』」這個片語的邏輯結構。這麼一來,對於像 H 那樣的論証來說,標準邏輯作為分析工具就不是足夠適切的了。在此情況下,從標準邏輯轉向援用高階邏輯就有其必要。

可以把高階謂語演算(簡稱之為「高謂演算」)和公理集論建成兩個同構的演繹系統。換言之,高階邏輯可以視為具有兩個同構的版本,其一為高謂演算(即原版高階邏輯),另一為公理集論(即集論版高階邏輯)。兩者的功能原則上相等——此中關鍵在於:

(E) $a \in \{x : Fx\} \equiv Fa$

利用這個等值式(暫時撇開羅素悖論的問題押後處理),可以把任何 F 外延化,即把 F 視為等同於 $\{x : Fx\}$。這麼一來,也就可以在集論句式和謂語句式之間建立起一一對應的關係了:

(e1) $x \in F \equiv Fx$

(e2) $x \in (F \cup G) \equiv Fx \vee Gx$

(e3) $x \in (F \cap G) \equiv Fx \wedge Gx$

(e4) $x \in \overline{F} \equiv \sim Fx$

(e5) $x \in \bigcup \equiv Fx \vee \sim Fx$

(e6)　　　$x \in \phi \equiv Fx \wedge \sim Fx$

(e7)　　　$F \subseteq G \equiv \forall x(Fx \rightarrow Gx)$

(e8)　　　$F \subset G \equiv \forall x(Fx \rightarrow Gx) \wedge \exists y(Gy \wedge \sim Fy)$

(e9)　　　$< x_1, \cdots, x_2 > \in R \equiv R x_1, \cdots, x_n$

(e10)　　$< x , y > \in R \times S \equiv Rx \wedge Sy$

上列 10 個等值式的左項，已窮盡了集合論常用的基本概念及其基本句式[2]，而這些等值式的右項則全都屬於標準邏輯。這似乎表示集合論可以還原為標準邏輯，因而高階邏輯也就可以通過集合論而還原到標準邏輯那裏去。但這是一大誤解。今扼要論析如下。

　　問題的關鍵在於量符所涵蓋的範域。在上列等值式的右項之中，並沒有任何把謂語變元 F、G 等量化的量符出現。然而一旦遇到像

(e11*)　　$\exists x \forall F \exists G(x \in (F \cup G))$

(e12*)　　$\forall G \exists F(F \subset G)$

---

[2] 這些基本概念可通過 $x \in \{y : Fy\}$ 所含的基始概念而化約。

(e13*)　　$\forall F\forall G\forall H(((F \subseteq G) \wedge (G \subseteq H)) \to (F \subseteq H))$

這樣的集論量式時，標準邏輯(只允許把個體變元量化)就不敷應用了，因為(e11*)—(e13*)順序等值於：

(e11**)　　$\exists x\forall F\exists G(Fx \vee Gx)$

(e12**)　　$\forall G\exists F(\forall x(Fx \to Gx) \wedge \exists y(Gy \wedge \sim Fy))$

(e13**) $\forall F\forall G\forall H\forall x(((Fx \to Gx) \wedge (Gx \to Hx)) \to (Fx \to Hx))$

而(e11**)—(e13**)正正就是高階邏輯的量式。由此可見，任何一種有充分表達力(比如能夠把基本數論形構出來)的集合論，都不可能在標準邏輯(經典一階邏輯)那裏找到等值系統，而只能在高階邏輯那裏找到。

　　羅素、懷海德、卡納普、萊興巴赫等哲學家兼邏輯家愛採用原版高階邏輯，而 Zermelo, Fraenkel, von Neumann, Gödel 等數學家兼邏輯家則愛採用集論版高階邏輯。到了今天，集論版高階邏輯可說取得了「壓倒性優勢」，意思是說，絕大多數的數理邏輯著作所採用的都不是高階謂語邏輯，而是集論版高階邏輯——就是公理集論。

二、從羅素悖論到公理集論NBG系統

為了對付羅素悖論，產生了多個不同的邏輯系統，其中以羅素和懷海德的類型論系統、Brouwer 和 Heyting 的直覺主義系統、Zermelo-Fraenkel(ZF)系統以及 Neumann-Bernays-Gödel(NBG)系統[3]最為著名。由於類型論系統太過繁複，直覺主義系統又排斥了太多邏輯和數學圈中公認有效的定理和不可或缺的証明方法，結果，目前以 ZF 系統和 NBG 系統(俱屬公理集論)最為通行，可謂「兩枝獨秀」。現在先考察 NBG 系統，然後再拿 ZF 系統來作一比較。

一向以來，在邏輯和數學之中，「類」和「集合」（簡稱「集」）被用做同義詞，也就是類和集並沒有區分。但在 NBG 系統裏，類和集之間有明確的區別：任何集都是類，但並非任何類都是集──當且僅當一個類 α 本身是某個或某些類的分子時，α 才是一個集，否則 α 就只是類而不是集。「只是類而不是集」，這樣的類叫做「本格類」。據此

(R1*)　　$\forall \alpha [\alpha \in \{ \beta : \Phi \beta \} \equiv St\, \alpha \wedge \Phi \alpha]$

其中「$St\, \alpha$」意謂「α 是一個集」。這麼一來，一旦以等值式(R1*)取代了羅素悖論的等值式

(R1)　　$\forall \alpha [\alpha \in \{ \beta : \Phi \beta \} \equiv \Phi \alpha]$

那麼，原本在羅素悖論中可推出矛盾結果的演繹過程

(R2)　　　$\forall \alpha \left[\alpha \in \{ \beta : \sim (\beta \in \beta) \} \equiv \sim (\alpha \in \alpha) \right]$　　[據 R1]

(R3)　　　$\forall \alpha \left[\alpha \in \Omega \equiv \sim (\alpha \in \alpha) \right]$　$\left[\Omega =_{df} \{ \beta : \sim (\beta \in \beta) \} \right]$

(R4)　　　$\Omega \in \Omega \equiv \sim (\Omega \in \Omega)$　[R3, α / Ω]

就不再會推出矛盾結果了，因為，一旦以(R1*)取代了(R1)之後，上述演繹就會轉變成：

(R2*)　　　$\forall \alpha \left[\alpha \in \{ \beta : \sim (\beta \in \beta) \} \equiv St\ \alpha \wedge \sim (\alpha \in \alpha) \right]$

(R3*)　　　$\forall \alpha \left[\alpha \in \Omega \equiv St\ \alpha \wedge \sim (\alpha \in \alpha) \right]$

(R4*)　　　$\Omega \in \Omega \equiv St\ \Omega \wedge \sim (\Omega \in \Omega)$

　　由此可見，通過命題邏輯的淺易推証(不贅)，R4*並不會導致矛盾，而只會得出「Ω不是集合(而是本格類)」這樣的結論吧了。

　　總括言之，NBG 系統解決羅素悖論的辦法，在於區別類與集，其核心要義體現於 R1*這個等值式中。

　　由此出發，NBG 系統提出了下列公理[4](在本節內 σ、θ、ω 為類變元，x、y、z、u……為集變元)：

---

[3] Mendelson[1997], 1st ed. 1964.
[4] 其中的「$\in$」為集論基始符號，其他非基始符號均可界定，見下文(D1)—(D28)。

72

外延公理　　　$\forall \sigma \forall \theta [\sigma = \theta \rightarrow \forall \omega (\sigma \in \omega \equiv \theta \in \omega)]$

偶集公理　　　$\forall x \forall y \exists z \forall u [u \in z \equiv (u = x \vee u = y)]$

聯集公理　　　$\forall x \exists y \forall z [z \in y \equiv \exists u (z \in u \wedge u \in x)]$

冪集公理　　　$\forall x \exists y \forall z (z \in y \equiv z \subseteq x)$

無窮公理　　　$\exists x [0 \in x \wedge \forall u (u \in x \rightarrow u \bigcup \{u\} \in x)]$

置換公理　　　$\forall x [Un(\sigma) \rightarrow \exists y \forall u (u \in y \equiv \exists z (< z, u > \in \sigma \\ \wedge z \in x))]$

諸存在公理：

（ 1 ）　　　$\exists \sigma \forall y \forall z (<y, z> \in \sigma \equiv y \in z)$

（ 2 ）　　　$\forall \sigma \forall \theta \exists \omega \forall u (u \in \omega \equiv (u \in \sigma \wedge u \in \theta))$

（ 3 ）　　　$\forall \sigma \exists \theta \forall u (u \in \theta \equiv \sim(u \in \sigma))$

（ 4 ）　　　$\forall \sigma \exists \theta \forall u (u \in \theta \equiv \exists y (<u, y> \in \sigma))$

（ 5 ）　　　$\forall \sigma \exists \theta \forall u \forall z (<u, z> \in \theta \equiv u \in \sigma)$

（6）　　　$\forall \sigma \exists \theta \forall u \forall z \forall w (<u,z,w> \in \theta \equiv <z,w,u> \in \sigma)$

（7）　　　$\forall \sigma \exists \theta \forall u \forall z \forall w (<u,z,w> \in \theta \equiv <u,w,z> \in \sigma)$

以上所述乃 NBG 系統的大要。至於 ZF 系統，其所採用的公理有(限於指涉集合而不涉及本格類的)外延公理、偶集公理、空集公理、聯集公理、冪集公理、無窮公理以及一條相應於置換公理的「後設置換公理」——任何完構式 A（v,u）都有下式相應為公理：

$$\forall v \forall w \forall u [(A(v,u) \wedge A(v,w)) \rightarrow u{=}w] \rightarrow \exists y \forall u [u \in y \equiv \exists v((v \in x) \wedge A(v,u))]$$

上述兩個公理集論系統 NBG 和 ZF，都能夠對治羅素悖論的問題(即不會導致羅素悖論所含的矛盾)，同時又都能夠作為整個純數學的甚礎——特別是能夠建構出基本數論。

三、廣義類論

現在就陳示以 NBG 為框架來構築數學基礎的思路[5]，作為後文評估高階邏輯分析的據本。

（D1）　　$\exists ! \alpha A =_{df} \exists \alpha A \wedge \forall \beta_1 \forall \beta_2 [[A (\alpha / \beta_1) \wedge A (\alpha / \beta_2)] \rightarrow \beta_1 = \beta_2]$

這個定義意謂有獨一的 α 滿足 A 的條件。式中的 $A(\alpha/\beta)$ 爲代換記號，表示以 β 代換 A 之中 α 的所有自由個例之後的結果——假如 β 對 α 爲自由的話；否則 $A(\alpha/\beta) = A$。

　　基於定義(D1)，當一個具有「∃！αA」這種形式的完構式(合規式)能夠証明爲定理時，那就可以引入詞項 $\tau(\alpha_1,\cdots,\alpha_n)$，其中的 $\alpha_1,\cdots,\alpha_n$ 窮盡∃！αA 裏的自由變元，於是詞項 $\tau(\alpha_1,\cdots,\alpha_n)$ 就可作爲變元在完構式裏出現，而且從∃！αA 就可以推論出 $A(\alpha/\tau(\alpha_1,\cdots,\alpha_n))$ 爲定理。

(T1) 　　　$\exists!\forall x[x \in y \equiv (St(x) \wedge A(x))]$

　　由於(T1)給出了獨一性保証，我們可因應定理而引入詞項 $\tau(x_1,\cdots,x_n)$，其中 $x_1,\cdots,x_n$ 爲定理之中的自由變元。依此，可

以引入「類抽象符」$\{\alpha:A(\alpha)\}$ 來指謂其元素恰恰滿足條件 $A(\alpha)$ 的那個獨一的 β。於是，從定理(T1)出發，可以進一步証明：

(T2) 　　　$\forall x[x \in \{y:A(y)\} \equiv (St(x) \wedge A(x))]$
(T3) 　　　$\forall y(y = \{x:x \in y\})$
(T4) 　　　$\sim St(\{x:\sim(x \in x)\})$

　　現在界定交類($\alpha \cap \beta$)，然後可証明刻劃交類性質的定理：

(D2) 　　　$\alpha \cap \beta =_{df} \{\gamma:\gamma \in \alpha \wedge \gamma \in \beta\}$

---

[5] Cf. Lemmon[1968].

(T5) $\forall z(z \in x \cap y \equiv z \in x \wedge z \in y)$

(T6) $\forall x(x = x \cap x)$

(T7) $\forall x \forall y(x \cap y = y \cap x)$

(T8) $\forall x \forall y \forall z(x \cap (y \cap z) = (x \cap y) \cap z)$

再界定聯類($\alpha \cup \beta$)，然後又可証明刻劃聯類性質的定理：

(D3) $\alpha \cup \beta =_{df} \{ \gamma : \gamma \in \alpha \vee \gamma \in \beta \}$

(T9) $\forall z(z \in x \cup y \equiv (z \in x \vee z \in y))$

(T10) $\forall x(x = x \cup x)$

(T11) $\forall x \forall y(x \cup y = y \cup x)$

(T12) $\forall x \forall y \forall z(x \cup (y \cup z) = (x \cup y) \cup z)$

由(T5)—(T8)和(T9)—(T12)，可立刻看出∩和∪的結構對稱性。下列兩條定理(分配律)則把交類與聯類關連起來：

(T13) $\forall x \forall y \forall z(x \cap (y \cup z) = (x \cap y) \cup (x \cap z))$

(T14) $\forall x \forall y \forall z(x \cup (y \cap z) = (x \cup y) \cap (x \cup z))$

NBG 系統的基本運算除交類和聯類外，還有補類，可界定如下：

(D4) $\overline{\alpha} =_{df} \{ \beta : \sim(\beta \in \alpha) \}$

刻劃補類的定理包括：

(T15)　　　　$\forall y(y \in \bar{x} \equiv (St(y) \wedge \sim(y \in x)))$

(T16)　　　　$\forall x(x = \bar{\bar{x}})$

(T17)　　　　$\forall x \forall y(\overline{x \cap y} = \bar{x} \cup \bar{y})$

(T18)　　　　$\forall x \forall y(\overline{x \cup y} = \bar{x} \cap \bar{y})$

　　以上所界定的∩、∪和 ‾是三個簡單而又重要的基本運算。進一步的運算如相對差、對稱差等也很容易界定並証明一些有關的定理，不贅。

　　現在引入一個特別能夠顯示類和集之為抽象元目的概念：空類 φ ──

(D5)　　　　$\phi =_{df} \{ \alpha : \alpha \neq \alpha \}$

(T19)　　　　$\forall x(x \cap \phi = \phi)$

(T20)　　　　$\forall x(x \cup \phi = x)$

　　定理(T19)和(T20)刻劃了空類 φ 的主要特性。與 φ 的性質恰恰相反的是全類 U：

(D6)　　　　$U =_{df} \{ \alpha : \alpha = \alpha \}$

(T21)　　　　$\forall x(x \in U \equiv St(x))$

(T22)　　　　$U = \{x : St(x)\}$

(T23)　　　　$\overline{\phi} = U$

(T24)　　　　$\overline{U} = \phi$

　　至此已引入了類的基本運算以及類的兩個「極端」ϕ 和 U，下一步可引入類之間的基本關係，就是包含關係：

(D7)　　　　$\alpha \subseteq \beta =_{df} \forall \gamma (\gamma \in \alpha \rightarrow \gamma \in \beta)$

(D8)　　　　$\alpha \subset \beta =_{df} \alpha \subseteq \beta \wedge \alpha \neq \beta)$

　　(D7)表示 α 是 β 的子類，(D8)表示 α 是 β 的真子類。基於這兩個定義，容易証明：

(T25)　　　　$\forall x(x \subseteq x)$
(T26)　　　　$\forall x \forall y \forall z(x \subseteq y \wedge y \subseteq z) \rightarrow x \subseteq z)$
(T27)　　　　$\forall x(\phi \subseteq x)$
(T28)　　　　$\forall x(x \subseteq U)$
(T29)　　　　$\forall x \forall y(x = y \equiv (x \subseteq y \wedge y \subseteq x))$

(T30)　　　$\forall x \forall y (x \subset y \rightarrow \exists z (z \in y \land \sim(z \in x)))$

　　以上引入了類理論的基本概念(不等於基始概念，基始概念在系統中只能展示其義，而不能界定其義；比如 $\in$ 就是基始概念)，進一步可以引入比較「上層」的概念如下：

(D9)　　　$\{\alpha, \beta\} =_{df} \{\gamma : [St(\alpha) \land St(\beta)] \rightarrow [\gamma = \alpha \lor \gamma = \beta]\}$

(D10)　　$\{\alpha\} =_{df} \{\alpha, \alpha\}$

(D11)　　$\{\alpha 1, \cdots, \alpha n, \alpha n+1\} =_{df} \{\alpha 1, \cdots, \alpha n\} \cup \{\alpha n+1\}$

(D12)　　$\bigcap \alpha =_{df} \{\gamma : \forall \beta (\beta \in \alpha \rightarrow \gamma \in \beta)\}$

(D13)　　$\bigcup \alpha =_{df} \{\gamma : \exists \beta (\beta \in \alpha \land \gamma \in \beta)\}$

(D14)　　$P\alpha =_{df} \{\beta : St(\beta) \land \beta \subseteq \alpha\}$

　　到此為止，我們所陳示的內容屬於廣義類論，其著眼點在類的普遍性質；有關的定義和定理既適用於集合又適用於本格類。

四、從集合到函數

　　如前所述，NBG 系統的特色是把類區分為本格類和集合，以防止羅素悖論的產生而同時又無須以排斥本格類為代價。一旦在消極方面避免了羅素悖論之後，到了在積極方面要構築數學基礎(主要是構築數論)的時候，NBG 系統就只需要從集合著手，把本格類推到背景中而不需要再去理會了。

　　現在就從 NBG 系統所講的集合(不會惹起羅素悖論的集合)爲出發點,利用前面已引進了系統中的概念,來釐定數學基礎中的核心要素,從而展示高階邏輯可作爲一套極其強有力的分析工具(定理從略):

(D15)　　$<\alpha , \beta> =_{df} \{\{\alpha\} , \{\alpha , \beta\}\}$

(D16)　　$OdPr(\alpha) =_{df} \exists\beta\exists\gamma(\alpha = <\beta , \gamma>)$

(D17)　　$\{<\alpha , \beta> : A(\alpha , \beta)\} =_{df} \{\gamma : \exists\alpha\exists\beta(\gamma =$
　　　　　$<\alpha , \beta> \wedge A(\alpha , \beta))\}$

(D18)　　$\alpha \times \beta =_{df} \{<\gamma , \delta> : \gamma \in \alpha \wedge \delta \in \beta\}$

(D19)　　$\alpha^2 =_{df} \alpha \times \alpha$

(D20)　　$Rel(\alpha) =_{df} \forall\beta(\beta \in \alpha \rightarrow OdPr(\beta))$

(D21)　　$\alpha \beta \gamma =_{df} <\alpha , \gamma> \in \beta$

(D22)　　$D\alpha =_{df} \{\beta : \exists\gamma \beta \alpha \gamma\}$

(D23)　　$R\alpha =_{df} \{\beta : \exists\gamma \gamma \alpha \beta\}$

(D24)　　$F\alpha =_{df} D\alpha \cup R\alpha$

(D25)　　$\alpha^{-1} =_{df} \{<\beta , \gamma> : \gamma \alpha \beta\}$

(D26)　　$Un(\alpha) =_{df} \forall\beta\forall\gamma\forall\delta((\beta \alpha \gamma \wedge \beta \alpha \delta) \rightarrow \gamma = \delta)$

　　至此,對於數學基礎的構築,可謂已經萬事俱備,「不」欠東風。

　　例如,0 可以界定爲空集,1 可以界定爲 0 所構成的集,2 可以界定爲 0 和 1 所構成的集,3 可以界定爲 0,1,2 所構成的集……

依此類推[6]：

(D27‧0) 0 =df φ
(D27‧1) 1 =df {φ}
(D27‧2) 2 =df {0，1} = {φ，{φ}}
(D27‧3) 3 =df {0，1，2} = {φ，{φ}，{φ，{φ}}}
    ‥‥‥‥‥‥‥‥

　　又例如，「函數」(Fnctn)這個用場極廣、極度重要的概念，也可以既簡單又精確地如此界定：

(D28)　　　　　Fnctn(α)=df Rel(α)∧Un(α)

　　連「函數」這個概念都妥善地界定了，要建構數學基礎就沒有什麼不可逾越的障礙了。

---

[6] 基數與序數當然可以細分，不贅。

結　語

·1·

以上勾勒了高階邏輯的要粹，可顯示出高階邏輯是一種擁有巨大潛力的分析工具——像「0」、「1」……這些基本的數學概念，以及「關係」(Rel)、「函數」(函元)……這些用場極其廣大(不限於指涉數學元目)的邏輯數理概念，都可以在其中得到精妙的分析、釐定。

在身兼哲學家的著名邏輯家當中(弗雷格、羅素、懷海德、卡納普、奎因等等)，邏輯主義取得了主流地位。依據邏輯主義，全部純數學原則上都可以還原到邏輯裏(標準邏輯+高階邏輯)，因而邏輯和純數學並沒有本質上的分界線，只不過其中的基礎部分依習慣叫做「邏輯」，上層部分依習慣叫做「數學」吧了。

本書在此並不是要反對「邏輯數學二位一體」這個觀點，但認爲這個觀點容易抹殺了邏輯與數論、微積分等數學部門之間的自然區分(縱然不是本質區分)。詳言之就是：數論和微積分等數學部門要通過「算化」(arithmetization)才能夠還原到邏輯去，這個轉折使得邏輯與數論和微積分等數學部門之間存在著一條自然的分界線，而不僅僅是「習慣稱呼不同」那麼簡單。此中分際，拿抽象代數和拓樸學(點集拓樸)等另外的數學部門來作一對比，便可一目了然。扼要說明如下。

· 2 ·

任何集 A 上的二元運算 O 可界定為從 A× A 到 A 的映射：

$$O：A× A \rightarrow A$$

也就是說，O 把 A 的元素 x、y 所組成的序偶< x，y >∈A× A 映射到 A 的某個元素 z =O(x，y)∈A 上去。此處 z =O(x，y)通常寫成「xOy =z」。

令 G≠ φ，O 為 G 上的二元運算，那麼，抽象代數裏的群(group)可界定為滿足下列三項條件的序偶< G，O >：

(G1)∀x∀y∀z[(x ∈ G∧y ∈ G∧z ∈ G)→(xOy) Oz=xO(yOz)]

(G2)∃e[e ∈ G∧∀x(x ∈ G→eOx =xOe=x)]
　　(容易証明 e 為獨一，稱之為 G 內關於 O 的「單位元素」。)

(G3)∀x[x ∈ G→∃x̂(x̂ ∈ G∧xO x̂=x̂ Ox=e)]
　　(e 為單位元素。)

　　兹考慮拓樸空間：
　　令 X≠ φ，T ⊆P (x)，那麼，當且僅當

(T1) X 與 φ 都是 T 的元素

（T2） T 的任何元素所構成的聯集都是 T 的元素

（T3） T 的任何兩個元素所構成的交集都是 T 的元素

則 T 是 X 上的一個拓樸，而 $< X，T >$ 就是一個拓樸空間。

　　以上兩個實例，可以顯示或提示高階邏輯（集論版）與抽象代數和拓樸學等數學部門之間確實只有習慣上的（約定性的）分界，後者只是前者的直接擴展。與此不同的是，從高階邏輯擴展到數論乃至微積分等，卻是一種間接的擴展——要通過算化的過程，由集合界定自然數，進而界定整數（包括負整數），進而界定有理數，進而界定實數……。這樣的界定並非同義界定（譬如「1」與「{φ}」就不是同義的），而只是同構界定。由此可見，集論與數論和微積分等數學部門之間事實上存在著一條自然界線，而不是僅僅存在著一條約定俗成的界線那麼簡單。

· 3 ·

　　在當前的數學領域內，ZF 看來比 NBG 更爲通行——就以連續統假設的問題來說，有關這個假設的兩個著名証明（Gödel 提出的一致性証明和 Paul Cohen 提出的獨立性証明）都是採用了 ZF 爲設定系統的。

　　不過，對於哲學來說，愚見以爲，採用 NBG 系統似乎要比採用 ZF 系統作爲邏輯分析的工具更爲合適。理由在於：NBG 的論域既涵蓋了集合又涵蓋了本格類，而 ZF 的論域則僅僅涵蓋了集合而沒有涵蓋本格類。這個差別從上文對 NBG 和 ZF 所作的描述就可以看得出來——NBG 的存在公理每條都有可以指涉本格類的變元出

現其中，但是 ZF 則沒有這樣的存在公理(注意 ZF 的公理如外延公理、無窮公理等等全都只含集合變元而沒有可指涉本格類的變元)。

　　當然，上述差別並不意味著 NBG 系統比 ZF 系統優勝，因爲對於數學基礎論乃至全部純數學的建構來說，本格類的引入是沒有必要的——比如：「關係」、「函數」、「自然數 n」等等最重要的概念都可以通過集合而不需要通過本格類的概念來界定——但是就哲學而言，上述差別卻可以視爲 NBG 系統(作爲邏輯分析的工具)優於 ZF 系統的重要考慮因素，因爲本格類的勢(power)大得不可思議或近乎不可思議，這麼一來，當哲學家希望盡可能撤除預設才去探討「宇宙」、「時空」、「上帝」、「可數無窮 / 不可數無窮 / … /不可思議或近乎不可思議無窮」等等概念的時候，由於 ZF 系統一開始就撤除了本格類，因而採用 ZF 系統作爲邏輯分析的工具時，就會造成一定的局限。

第 5 章 異制邏輯分析
——數理邏輯分析(Ⅲ)

如前所述，數理邏輯以經典邏輯(標準邏輯+高階邏輯)為主體。本章所論的異制邏輯[1]，其為「異制」，在於與經典邏輯有所分歧。異制邏輯主要包括模態邏輯、直覺主義邏輯、多值邏輯和模糊邏輯四種。以下逐一論述，以提出方法學評估作結。

一、模態邏輯

模態邏輯在經典邏輯的連詞和量符之外增加了表述可能性和必然性的邏輯算子 ◇ 和 □，前者表示可能，後者表示必然。這種「可能」和「必然」通常解釋為邏輯可能和邏輯必然(但不排斥其他解釋，譬如物理可能和物理必然)。

模態命題邏輯與經典命題邏輯之間的一大分別就是，後者具有真值函元性，前者則否：p 的真值完全決定~p 的真值，p 和 q 的真值完全決定 p∨q、p∧q、p→q、p≡q 等的真值，但是 p 的真值

---

[1] Cf. Ackermann[1967]; Carnap[1956]; Grandy[1979]; Harris[2000]; Heyting[1956]; Hughes & Cresswell[1996]; Kleene[1952]; Klir, St.Clair & Yuan[1997]; Kripke[1980]; Lewis & Langford[1931]; Priest[2001]; Quine[1961]; Zadeh[1965],[1975].

既不能完全決定◇p 的真值，也不能完全決定□p 的真值。

◇ 與 □ 的根本關係可由下列兩式刻劃出來：

(M1)　　　□A ≡ ~◇~A

(M2)　　　◇A ≡ ~□~A

根據(M1)(M2)，可在 ◇ 和 □ 當中任取一個作為基始算子界定另一個。現在就取 ◇ 為基始算子。通過這個算子，可以給「必然真」、「必然假」、「適然真」、「適然假」、「必然涵蘊」、「必然等值」、「邏輯一致」、「邏輯不一致」等概念作出釐定如下。

~◇~A	：A 必然真
~◇A	：A 必然假
A∧◇~A	：A 適然真
~ A∧◇A	：A 適然假
~◇~(A→B)	：A 必然涵蘊 B
~◇~(A≡B)	：A 必然等值於 B
◇(A1∧…∧An)	：A1，…，An 邏輯一致
~◇(A1∧…∧An)	：A1，…，An 邏輯不一致

基於上述解釋(後設解釋)，下列各條之為對確模態式可一目了然：

(1)　　　~◇~p→p

(2)　　　p→◇p

(3)　　　　$\sim p \rightarrow \diamondsuit \sim p$

(4)　　　　$\sim \diamondsuit p \rightarrow \sim p$

以上四式明顯對確。以下兩式當中，（5）的意思是說，如果 p 為真，則 p 或是必然真或是適然真；（6）的意思是說，如果 p 為假，則 p 或是必然假或是適然假：

(5)　　　　$p \rightarrow (\sim \diamondsuit \sim p \vee (p \wedge \diamondsuit \sim p))$

(6)　　　　$\sim p \rightarrow (\sim \diamondsuit p \vee (\sim p \wedge \diamondsuit p))$

現在引進必然算子「□」和嚴格涵蘊「$\Rightarrow$」的概念：

(D1)　　　$\square A =df \sim \diamondsuit \sim A$

(D2)　　　$A \Rightarrow B =df \square (A \rightarrow B)$

由此可得到一系列對確模態式如下：

(7)　　　　$\square p \equiv (\sim p \Rightarrow p)$

(8)　　　　$\square (p \wedge q) \rightarrow (\square p \wedge \square q)$

(9)　　　　$(\square p \wedge \square q) \rightarrow \square (p \wedge q)$

(10)　　　$(\square p \vee \square q) \rightarrow \square (p \vee q)$

下列對確模態式與上列對確模態式局部結構相應：

(11)　　　　$\Diamond{\sim}p \equiv {\sim}({\sim}p \Rightarrow p)$

(12)　　　　${\sim}\Diamond p \equiv (p \Rightarrow {\sim}p)$

(13)　　　　$\Diamond p \equiv {\sim}(p \Rightarrow {\sim}p)$

(14)　　　　$\Diamond(p \vee q) \rightarrow (\Diamond p \vee \Diamond q)$

(15)　　　　$(\Diamond p \vee \Diamond q) \rightarrow \Diamond(p \vee q)$

(16)　　　　$\Diamond(p \wedge q) \rightarrow (\Diamond p \wedge \Diamond q)$

再引入嚴格等值「$\Leftrightarrow$」的概念：

(D3)　　　　$A \Leftrightarrow B =df \ \Box(A \equiv B)$

由此可得到下面二條對確模態式：

(17)　　　　$(\Box p \wedge \Box q) \rightarrow (p \Leftrightarrow q)$

(18)　　　　$({\sim}\Diamond p \wedge {\sim}\Diamond q) \rightarrow (p \Leftrightarrow q)$

下列對確模態式可視爲相應於經典邏輯的正斷律與逆斷律：

(19)　　　　$((p \rightarrow q) \wedge \Box p) \rightarrow \Box q$

(20)　　　　$((p \rightarrow q) \wedge \Diamond p) \rightarrow \Diamond q$

(21)　　　　$((p \rightarrow q) \wedge {\sim}\Diamond q) \rightarrow {\sim}\Diamond p$

(22)　　　　$((p \rightarrow q) \wedge \Diamond{\sim}q) \rightarrow \Diamond{\sim}p$

在種種模態邏輯系統當中，最受注目的有模態系統 T、模態系統 S4 和模態系統 S5。這些模態系統全都是在羅素和懷海德的 PM

命題系統裏加入某些模態公理而構築成的──加入

$$\Box p \to p$$
$$\Box(p \to q) \to (\Box p \to \Box q)$$

就得到系統 T(所增加的推論規則從略，下同)。在 T 裏加入

$$\Box p \to \Box \Box p$$

就得到系統 S4。在 T 裏再加入

$$\Diamond p \to \Box \Diamond p$$

就得到 S5。顯然，PM 命題系統所有的定理同時也是 T、S4 和 S5 的定理。

　　必須注意的是，模態邏輯本身遇到了許多懸而未決的問題。就以「重疊模態算子」的問題來說，例如：

$$\Box \Diamond p \equiv \Box \Diamond \Box \Diamond \quad p$$
$$\Diamond \Box p \equiv \Diamond \Box \Diamond \Box \quad p$$

等等都是 S4 的定理，而

$$\Diamond \Box p \to \Box p$$

則是 S5 的定理，但這些定理真的是對確的嗎？「必然可能地 p」和「必然可能必然可能地 p」，這兩個斷言在邏輯上等值？「如果可能必然地 p，則必然地 p」，這個斷言在邏輯上成立？這些問題都沒有無可置疑的解答(至於 W. V. Quine 對量符模態邏輯的質疑，見結語的討論)。

二、直構邏輯

　　直覺主義邏輯與經典邏輯之間最大的分歧在於直覺主義邏輯採取構造主義的觀點看待涉及數學元目時的存在量符「$\exists \alpha$」——就是說，直覺主義邏輯要求：「能把某個數學元目構造(計算)出來」乃是「成功証明該數學元目存在」的必要條件。

　　用實例來說明如下。滿足代數方程

$$a_n x^n + a_{n-1} x^{n-1} + \cdots + a_1 x + a_0 = 0$$

的實數 x 叫做「代數數」(algebraic number)，代數數以外的實數叫做「超越數」(transcendental number)。坎陀(G. Cantor)論証有超越數存在，其論証這樣進行：

　　　　如果所有實數都是代數數，那麼實數集 R 是可數的(可列的)；然而(已証明)R 是不可數的，因此並非所有實數都是代數數，所以有的實數不是代數數，換言之，有的實數是超越數。

坎陀從「並非所有實數都是代數數」推論「有的實數不是代數數」（即推論「超越數存在」），這樣的推論在經典邏輯裏是成立的：

(CLa)　　　$\sim\forall x(Rx\rightarrow Ax)\rightarrow\exists x(Rx\wedge\sim Ax)$

上述對確式只不過是下述對確式

(CLb)　　　$\sim\forall\alpha A\rightarrow\exists\alpha\sim A$

的一個特例（經過等值變換）。但是直覺主義邏輯卻否認(CLa)和(CLb)等的對確性，這種邏輯要求能夠把滿足條件「$\sim A$」的數學元目構造(計算)出來才算証明了「$\exists\alpha\sim A$」。由於坎陀僅僅從「$\sim\forall x(Rx\rightarrow Ax)$」推論「$\exists x(Rx\wedge\sim Ax)$」，這樣的推論在直覺主義邏輯裏就不算對確。

　　標準邏輯裏的對確式在直覺主義邏輯裏被判爲不對確的主要包括下列各條：

(1)　　　$p\vee\sim p$

(2)　　　$\sim\sim p\rightarrow p$

(3)　　　$(\sim q\rightarrow\sim p)\rightarrow(p\rightarrow q)$

(4)　　　$(\sim q\equiv\sim p)\rightarrow(p\equiv q)$

(5)　　　$(p\rightarrow q)\rightarrow(\sim p\vee q)$

(6)　　　$\sim(p\wedge\sim q)\rightarrow(p\rightarrow q)$

(7)　　　$\sim(p\wedge q)\rightarrow(\sim p\vee\sim q)$

(8)　　　　$\sim\forall xFx \rightarrow \exists x \sim Fx$

(9)　　　　$\sim\exists x \sim Fx \rightarrow \forall xFx$

(10)　　　　$\sim\forall x \sim Fx \rightarrow \exists xFx$

　　總括來說，任何在直覺主義邏輯裏可被証明的公式在標準邏輯裏都可被証明，然而有許多在標準邏輯裏可被証明的公式在直覺主義邏輯裏卻不可能証明。這些在直覺主義邏輯裏不可能証明的標準邏輯定理，只有轉換成為下述的「星式」之後，才能在直覺主義邏輯裏加以証明[2]：

星式的遞歸界定　　(1)如果 A 是原子句式，則 $\mathcal{A}^*$ 就是 $\sim\sim$A。(2)如果 A 是 $\sim$B 或 B$\wedge$C 或 B$\rightarrow$C 或 $\forall\alpha\mathcal{B}$，則 $\mathcal{A}^*$ 依次為 $\sim\mathcal{B}^*$ 或 $\mathcal{B}^*\wedge$C 或 $\mathcal{B}^*\rightarrow$C 或 $\forall\alpha\mathcal{B}^*$。(3)如果 A 是 $\mathcal{B}\vee\mathcal{C}$，則 $\mathcal{A}^*$ 是 $\sim\left(\sim\mathcal{B}^*\wedge\sim\mathcal{C}^*\right)$。(4)如果 A 是 $\exists\alpha\mathcal{B}$，則 $\mathcal{A}^*$ 是 $\sim\forall\alpha\sim\mathcal{B}^*$。

　　基於以上的剖析，可以斷定，在諸種異制邏輯當中，直覺主義邏輯乃是「最最異端」的一型，其「異端性」源於結合了構造主義。依此，當本書提到直覺主義邏輯時，在此約定也可稱之為「直構邏輯」。

三、多值邏輯

　　經典邏輯建基於下列三項原則：

(1) 命題變元的代換個例至少有真假二值中的一值；

（2）命題變元的代換個例至多有真假二值中的一值；

（3）複合命題的真值由其成分命題的真值來決定。

　　多值邏輯保全了原則（3），並將原則（1）和原則（2）擴展為原則（1*）和原則（2*）：

（1*）命題變元的代換個例至少有有限個或無限個真值中的一個真值；

（2*）命題變元的代換個例至多有有限個或無限個真值中的一個真值[3]。

　　現在考察一種最著名的多值命題邏輯，由波蘭邏輯家盧卡雪維克斯(J. Lukasiewicz)和塔斯基(A. Tarski)奠定，可簡稱之為「盧塔多值邏輯」[4]。以「Lm」代表盧塔多值邏輯系統，其中「m」指謂該系統中的命題變元或合規語式(完構式)所可能有的值。約定如果以命題變元、命題連詞「~」和「→」以及括號「(　　)」為 L2 的基始符號，那麼它們也是任一個 Lm 的基始符號。

　　對於一個給定的有限 m(≧2)，Lm 之中的 m 個值被界定為集合 Vm 的 m 個分子：

$$Vm = \left\{ \frac{i}{m-1} \right\} \quad [0 \le i \le m-1]$$

---

[2] Cf. Grandy[1979].
[3] 可將複值邏輯的<$V_1, \ldots, V_n$>視為一個真值。
[4] Cf. Ackermann[1967].

　　由於 i =0 和 i =m-1 是容許的,可知 0 與 1 是每一個集合 Vm 的分子。如果 0 與 1 是 Vm 全部的分子,那麼 m=2,Lm 就是 L2。這時 L2 是二值命題邏輯的一個系統。如果 m>2,那麼 Vm 就是以 0 和 1 為端點的 m 個有理分數所組成的集合。例如:

$$V3 = \{0, \frac{1}{2}, 1\}$$

$$V4 = \{0, \frac{1}{3}, \frac{2}{3}, 1\}$$

$$V5 = \{0, \frac{1}{4}, \frac{1}{2}, \frac{3}{4}, 1\}$$

$$V6 = \{0, \frac{1}{5}, \frac{2}{5}, \frac{3}{5}, \frac{4}{5}, 1\}$$

$$V7 = \{0, \frac{1}{6}, \frac{1}{3}, \frac{1}{2}, \frac{2}{3}, \frac{5}{6}, 1\}$$

$$\vdots$$

$$\vdots$$

$$\vdots$$

$$Vm = \{0, \frac{1}{m-1}, \frac{2}{m-1}, \cdots, \frac{m-2}{m-1}, 1\}$$

　　以「~」和「→」作為 Lm 的基始連詞,並將「合規語式 A 的值」寫成「∪(A)」,可將 ∪(~A) 與 ∪(A→B) 這兩個值函元(value functions)界定如下:

$$\upsilon(\sim A) = 1 - \upsilon(A)$$
$$\upsilon(A \rightarrow B) = \min[1, (1 - \upsilon(A)) + \upsilon(B)]$$

現在爲所有 Lm 界定其「指定集 D」(designated set D)：稱{ 1 }爲所有 Lm 的「指定集 D」。然後把任何 Lm 的定理集界定爲這樣的集合 T (Lm)：T (Lm)的分子是而且只是這樣的 A：A 的值函元之值域爲 D。Lm 的定理稱爲「指定完構式」，簡稱「DF」。L2 的 DF 所組成的集合(即 T(L2))恰恰就是經典邏輯中所有恒真式所組成的集合，而且任何 Lm 的定理都是 L2 的定理：

$$T(Lm) \subseteq T(L2)$$

不過，當 m＞2 時，T(Lm)⊂T(L2)。這是關於 Lm 的一條非常重要的後設定理，可証明如下：

令
$$\upsilon(p) = \frac{1}{m-1} \quad [m＞2]$$

因此
$$\frac{1}{m-1} \leq \frac{1}{2}$$

根據定義
$$\upsilon(\sim p) = 1 - \frac{1}{m-1} = \frac{m-2}{m-1}$$

$$\upsilon\ (p \rightarrow \sim p) = \min\left[1\ ,\ \left(1 - \frac{1}{m-1}\right) + \frac{m-2}{m-1}\right]$$

$$= \min\left[1\ ,\ \frac{2(m-2)}{m-1}\right]$$

$$= 1$$

所以 $\upsilon\ \big((p \rightarrow \sim p) \rightarrow \sim p\big)\ =\ \min\big[1, \big(1 - \upsilon\ (p \rightarrow \sim p)\big) + \upsilon\ (\sim p)\big]$

$$= \min\big[1, \upsilon\ (\sim p)\big]$$

$$= \min\left[1,\ \frac{m-2}{m-1}\right]\ =\ \frac{m-2}{m-1}$$

由此可見，當 m＞2 時，(p→~p)→~p 不是 Lm 的一個 DF，但這個語式卻是 L2 的一個 DF。因此，如果 m＞2，那麼 T(Lm)⊂T(L2)。

至此，我們所考慮的 Lm 所帶的 m 都是有限的。現在設想這樣的一個無限值系統 Lλ。：此系統的完構式與任何 Lm 的完構式相同，但其值函元 υ 的值域 Vλ。則包括而且只包括 0 與 1 之間(連 0 與 1 也算在內)的所有有理分數爲其分子。Lλ。的定理集界定爲：

$$T(L\lambda_\circ)\ =df\ T(\ L2\ ) \cap T(\ L3\ ) \cap \cdots$$

可以証明：T(Lλ。)≠ φ

[証明]　考慮完構式 p→(q→p)

$$v(p\to(q\to p))= \min [1, (1-v(p)) +v(q\to p)]$$
$$= \min [1, (1-v(p)) + \min [1, (1-v(q))$$
$$+v(p)]]$$

現在察看 $\min [1, (1-v(q)) +v(p)]$。如果那是 1，則 v (p→(q→p)) = 1，因為 $0\leq v(p)\leq 1$。設 $\min [1, (1-v(q)) + v(p)] = (1-v(q)) +v(p)$，經過代換，得到 $v(p\to(q\to p)) = \min [1, (1-v(p)) + (1-v(q)) +v(p)] = 1$。因此，L λ。至少有 p→(q→p)為它的一個 DF，所以 T(L λ。)≠ φ。

到此為止，還沒有將「~」和「→」以外的其他連詞引入 Lm 和 L λ。之內，以下開始引入。

如果將 L2 看作以「~」和「→」為基始連詞的一個經典命題邏輯系統，那麼「∨」和「∧」這兩個連詞可以由下列定義界定：

（1）　　A∨B = ᴰꜰ ~ A→B
（2）　　A∧B = ᴰꜰ ~(A→~B)

但當 m>2 時，這兩個定義是不適當的，因為，有些屬於「∨」和「∧」的原義性質，在 L2 之中是可証的，但在 Lm(m>2)之中卻不能保存。如果要保存這兩個連詞的原義性質，即 $v(p\lor q) = \max [v(p)，v(q)]$，而 $v(p\land q) = \min[v(p)，v(q)]$，那就必須放棄定義（1）和（2），否則這種性質不能保存。例如，在 L3 之中，當 $v(p) =v(q) = 1/2$ 時，據定義（1）和（2），則 $v(p\lor q) =$

$\upsilon(\sim p \rightarrow q) = 1$，而 $\upsilon(p \wedge q) = \upsilon(\sim(p \rightarrow \sim q)) = 0$。這顯然與 $\upsilon(p \vee q)$ $= \max[\upsilon(p)，\upsilon(q)]$ 以及 $\upsilon(p \wedge q) = \min[\upsilon(p)，\upsilon(q)]$ 這兩個原義性質不合。為保存這些性質，可將「$\vee$」和「$\wedge$」界定如下：

（1*）　　　$A \vee B =_{Df} (A \rightarrow B) \rightarrow B$

（2*）　　　$A \wedge B =_{Df} \sim(\sim A \vee \sim B)$

　　以（1*）為例，可証明這個定義保存了「$\vee$」的原義性質：

設　　　　$\upsilon(p) < \upsilon(q)$

於是 $\upsilon(p \rightarrow q) = \min[1, (1 - \upsilon(p)) + \upsilon(q)] = 1$

因此 $\upsilon((p \rightarrow q) \rightarrow q) = \min[1, (1 - \upsilon(p \rightarrow q)) + \upsilon(q)]$
　　　　　　　　$= \min[1, \upsilon(q)] = \upsilon(q)$

再設 $\upsilon(p) > \upsilon(q)$

於是 $\upsilon(p \rightarrow q) = \min[1, (1 - \upsilon(p)) + \upsilon(q)]$
　　　　　　$= (1 - \upsilon(p)) + \upsilon(q)$

因此 $\upsilon((p \rightarrow q) \rightarrow q) = \min[1, (1 - \upsilon(p \rightarrow q)) + \upsilon(q)]$
　　　　　　　　$= \min[1, (1 - ((1 - \upsilon(p)) + \upsilon(q))) + \upsilon(q)]$
　　　　　　　　$= \min[1, \upsilon(p)] = \upsilon(p)$

最後設　　　$\upsilon(p) = \upsilon(q)$

此時 $\upsilon((p \rightarrow q) \rightarrow q) = \min[1, (1 - \upsilon(p \rightarrow q)) + \upsilon(q)]$
　　　　　　　　$= \upsilon(q) = \upsilon(p)$

據此得証 $\upsilon(p \vee q) = \upsilon((p \rightarrow q) \rightarrow q)$
　　　　　　　　$= \max[\upsilon(p)，\upsilon(q)]$

從 L λ。這種多值邏輯出發，進一步可以把模糊邏輯建構起來。L λ。的「值函元」(值函數)和下一節所論的模糊邏輯的「遞屬函元」(遞屬函數)都有無窮集為其值域，不過前者之無窮是可數無窮，後者之無窮則是不可數無窮。現在論析這種模糊邏輯如下。

四、模糊邏輯

以 A、B、C、X、Y、Z 等(可附下標)表模糊集，以 μ_x 表
$\underset{\sim}{A}$ $\underset{\sim}{B}$ $\underset{\sim}{C}$ $\underset{\sim}{X}$ $\underset{\sim}{Y}$ $\underset{\sim}{Z}$ $\underset{\sim}{}$

X 的隸屬函數。經典集的特徵函數 Ch_x 取自然數集 $\{0,1\}$ 為值域：
$\underset{\sim}{}$

$$Ch_x(a) = \begin{cases} 0 \ (a \notin x) \\ 1 \ (a \in x) \end{cases}$$

模糊集的隸屬函數 μ_x 可視為 Ch_x 的推廣，其值域由自然數集 $\{0,1\}$
$\underset{\sim}{}$
推廣至包括 0,1 在內的實區間 $[0,1]$：

$$\mu_x(a) \rightarrow [0,1]$$
$\underset{\sim}{}$

基本定義 給論域 D 裏的每一個元素 a_i 都規定閉區間 $[0,1]$ 中的一個實數

101

$\mu A (a_i)$，這就稱爲在 D 上界定了一個模糊集 A（或稱爲 D 的模
~

糊子集 A），其中實數 $\mu A (a_i)$ 表示 a_i 對 A 的隸屬度；記作
~

$$A_{\sim} = \left\{ \frac{\mu_A(ai)}{ai} \; : \; ai \in D \right\}$$

如果 D 爲有窮集 $\{a_1, \cdots, a_n\}$，則

$$A_{\sim} = \sum_{i=1}^{n} \frac{\mu_A(ai)}{ai}$$

如果 D 爲可數無窮集 $\{a_1, a_2, \cdots\}$，則

$$A_{\sim} = \sum_{i=1}^{\infty} \frac{\mu_A(ai)}{ai}$$

如果 D 爲不可數無窮集，則

$$A_{\sim} = \int_{ai \in D} \frac{\mu_A(ai)}{ai}$$

以上刻劃了模糊集論的基礎。在此基礎上可界定各種特殊類

型的模糊集並建立起模糊集之間的關係和運算如下：

（1） $A = D =_{df} \forall x \left(x \in D \rightarrow \mu_{A}(x) = 1 \right)$

（2） $A = \phi =_{df} \forall x \left(x \in D \rightarrow \mu_{A}(x) = 0 \right)$

（3） $A = B =_{df} \forall x \left(x \in D \rightarrow \mu_{A}(x) = \mu_{B}(x) \right)$

（4） $A = \overline{B} =_{df} \forall x \left(x \in D \rightarrow \mu_{A}(x) = 1 - \mu_{B}(x) = \mu_{\overline{B}}(x) \right)$

（5） $A \subseteq B =_{df} \forall x \left(x \in D \rightarrow \mu_{A}(x) \leq \mu_{B}(x) \right)$

$$（6） \underset{\sim}{A} \cup \underset{\sim}{B} =_{df} \left\{ \frac{\mu_{\underset{\sim}{A} \cup \underset{\sim}{B}}(x) = \max\left[\mu_{\underset{\sim}{A}}(x), \mu_{\underset{\sim}{B}}(x) \right]}{x} : x \in D \right\}$$

$$（7） \underset{\sim}{A} \cap \underset{\sim}{B} =_{df} \left\{ \frac{\mu_{\underset{\sim}{A} \cap \underset{\sim}{B}}(x) = \min\left[\mu_{\underset{\sim}{A}}(x), \mu_{\underset{\sim}{B}}(x) \right]}{x} : x \in D \right\}$$

上列（１）至（７）式以 D 為論域，通過脈絡定義順序引入了模糊集論中的「全集」、「空集」、「等集」、「補集」、「子集」、「聯集」、「交集」等概念。其中「聯集」的概念容易推廣為（「sup」表「上確界」）：

$$（6^*） \underset{\sim}{A_1} \cup \underset{\sim}{A_2} \cup ... \cup \underset{\sim}{A_n} =_{df}$$

$$
\left\{ \dfrac{\mu_{\underset{\sim}{A_1} \cup \cdots \cup \underset{\sim}{A_n}}(x) = \sup\left[\mu_{\underset{\sim}{A_1}}(x),\ldots,\mu_{\underset{\sim}{A_n}}(x)\right]}{x} : x \in D \right\}
$$

而「交集」的概念則推廣為（「inf」表「下確界」）：

（7*）$A_1 \underset{\sim}{} \cap A_2 \underset{\sim}{} \cap \ldots \cap A_n \underset{\sim}{} =_{df}$

$$
\left\{ \dfrac{\mu_{\underset{\sim}{A_1} \cap \cdots \cap \underset{\sim}{A_n}}(x) = \inf\left[\mu_{\underset{\sim}{A_1}}(x),\ldots,\mu_{\underset{\sim}{A_n}}(x)\right]}{x} : x \in D \right\}
$$

　　這些概念都可以看作經典集論中的相應概念的一種擴充。依據從這些概念，不難建立起模糊集論的運算法則，主要包括下列幾條基本運算規律：

（L1）　　　　$\overline{\overline{A}}_{\underset{\sim}{}} = A_{\underset{\sim}{}}$

(L2)

$$A \cup A = A$$

$$A \cap A = A$$

(L3)

$$\overline{A \cup B} = \overline{A} \cap \overline{B}$$

$$\overline{A \cap B} = \overline{A} \cup \overline{B}$$

(L4)

$$A \cup B = B \cup A$$

$$A \cap B = B \cap A$$

(L5)

$$A \cup (A \cap B) = A$$

$$A \cap (A \cup B) = A$$

(L6)

$$A \cup D = D$$

$$A \cap D = A$$

$$A \cup \phi = A$$

$$A \cap \phi = \phi$$

(L7)　　　　　$(A \underset{\sim}{\cup} B) \underset{\sim}{\cup} C = A \underset{\sim}{\cup} (B \underset{\sim}{\cup} C)$

　　　　　　　$(A \underset{\sim}{\cap} B) \underset{\sim}{\cap} C = A \underset{\sim}{\cap} (B \underset{\sim}{\cap} C)$

(L8)　　　　$A \underset{\sim}{\cup} (B \underset{\sim}{\cap} C) = (A \underset{\sim}{\cup} B) \underset{\sim}{\cap} (A \underset{\sim}{\cup} C)$

　　　　　　$A \underset{\sim}{\cap} (B \underset{\sim}{\cup} C) = (A \underset{\sim}{\cap} B) \underset{\sim}{\cup} (A \underset{\sim}{\cap} C)$

　　以上陳示了模糊集論的基要。由此進一步可以構築模糊數學的各個部門(例如模糊關係方程)，但這並非本節的旨趣所在。本節旨在評估模糊集論是否適宜用做邏輯分析的工具，也就是對「模糊邏輯分析」的可行性作出方法學評估(見下面「結語」)。現在就從上述模糊集論的基要出發，展示第 1 章近結尾所提到的「(線性)模糊度」可給以怎樣的釐定──

（ 1 ）在實數論域$\{x_1, \ldots, x_n\}$中，界定絕對線性距離函數 d：

$$d(\underset{\sim}{A}, \underset{\sim}{B}) =_{df} \sum_{i=1}^{n} \left| \mu_{\underset{\sim}{A}}(xi) - \mu_{\underset{\sim}{B}}(xi) \right|$$

（ 2 ）再於上述論域中，界定相對線性距離函數 δ：

$$\delta(\underset{\sim}{A}, \underset{\sim}{B}) =_{df} \frac{1}{n} d(\underset{\sim}{A}, \underset{\sim}{B})$$

（3）若以全實數集爲論域，則

$$d(A, B) = \int_{-\infty}^{+\infty} | \mu_A(x) - \mu_B(x) | dx$$

（4）若以 $[\alpha, \beta]$ 上的實數集爲論域，則

$$d(A, B) = \int_{\alpha}^{\beta} | \mu_A(x) - \mu_B(x) | dx$$

$$\delta(A, B) = \frac{1}{\beta - \alpha} \int_{\alpha}^{\beta} | \mu_A(x) - \mu_B(x) | dx$$

（5）給定與 A 最貼近的經典集 A $_{>0.5}$：

$$\mu_{A>0.5}(x) = \begin{cases} 1 & (\mu_A(x) > 0.5) \\ 0 & (\mu_A(x) \leq 0.5) \end{cases}$$

那麼，L（A）=df 2δ（A，A $_{>0.5}$）[$\in [0,1]$] 爲 A 的線性模糊
度。

結　語

·1·

邏輯家把模態邏輯歸入異制邏輯的範疇內，此舉其實不妥，因為，如上文所示，模態邏輯只是在標準邏輯的基礎上作出了擴充，而沒有否定標準邏輯——任何標準邏輯的定理都可以在模態邏輯之中得到証明，即令是

$$p \rightarrow (q \rightarrow p)$$
$$\sim p \rightarrow (p \rightarrow q)$$

這兩條促使邏輯家要建構模態邏輯的所謂「實質蘊涵悖論式」，也一樣能夠在模態邏輯裏被証明出來。

因此，本書把模態邏輯分析置於「異制邏輯分析」這一章之內，無非依隨慣例而已，實則並不同意這樣的歸類，而寧可將模態邏輯的核心部分算作標準邏輯的支部。

·2·

必須區別「分析的工具」和「分析的對象」。分析(指邏輯分析)的工具必須是普遍適用的、無可置疑的概念工具或原理法則，否則就僅僅適宜作為分析的對象而不適宜用做分析的工具。

　　由此區別來衡量，經典邏輯最適宜用做分析的工具，模態邏輯的核心部分也適宜用做分析的工具。例如

（１）　　　　　$\Box p \equiv \sim\Diamond\sim p$

（２）　　　　　$\Diamond p \equiv \sim\Box\sim p$

（３）　　　　　$\Box(p \wedge q) \equiv (\Box p \wedge \Box q)$

（４）　　　　　$\Diamond(p \vee q) \equiv (\Diamond p \vee \Diamond q)$

這四條模態式便是無可置疑的普遍法則。

　　反之，模態邏輯的非核心部分就不（或未）具備作為分析工具的條件。除了前述「重疊模態算子」的問題之外，更嚴重(Quine 認為最嚴重)的問題就是量詞轄域內出現模態算子所引起的疑慮。例如：

（１）　　9 必然大於 7

這個陳述是真確的；

（２）　　這個太陽系的行星數目等於 9

這個陳述也是真確的。

既然（２）是真確的，那麼依據代換規則，可以把「這個太陽系的

110

行星數目」一詞代換（１）之中的「9」這個數字而得到

（３）　　這個太陽系的行星數目必然大於7

由於（１）和（２）都是真確的，經代換之後得到的（３）也應該是真確的。但是，（３）卻是錯謬的，因爲這個太陽系的行星數目只是事實上大於7，而不是必然地大於7，也就是說，那只是適然如此，並非必然如此。

　　上列（１）─（３）必須在量詞邏輯的框架裏表述(比如「這個太陽系的行星數目」便包含確定描述詞，需要援用具有「∃x∀y Φxy」這種結構的量式表述出來)。在此情況下，Quine 把以上那種「由真確陳述經過合法代換卻得到錯謬結果」的弊病歸咎於模態算子「必然」出現於量詞脈絡之內。

　　Quine 所指出的這個問題，只是模態量詞邏輯所遇到的問題當中最著名的一個，事實上模態量詞邏輯所遇到的問題遠遠不止於此。那些問題引起了大量的哲學論爭，包括關於本質主義(essentialism)的論爭。由於本書(上卷)的旨趣在於對邏輯作爲思維工具進行方法學評估，因此無須牽涉入那些哲學論爭之中。反之，恰恰因爲模態量詞邏輯引起了諸多論議，至今未有定論，這正可以作爲方法學評估的一項論據，從而論斷模態量詞邏輯並不適宜──或至今未足以──用做邏輯分析的一種普遍適用無可置疑的有效工具。

· 3 ·

令 Γ 爲標準邏輯(SL)的定理集：Γ＝{ A：⊢ SL A }，並令 Γ* ＝
{ $\mathcal{A}^*$：$\mathcal{A}^*$ ∈ Γ }(見前文對「星式」的界定)，那麼，標準邏輯與直
構邏輯(IL)之間的基本關係可以由下列兩條後設定理標示出來：

(MT1)　　∀$\mathcal{A}$ (Γ ⊢ IL A→Γ ⊢ SL$\mathcal{A}$)

(MT2)　　∀$\mathcal{A}$ (Γ ⊢ SL A→Γ* ⊢ IL$\mathcal{A}^*$)

直構邏輯在所有異制邏輯當中可謂屬於「最最異端」的一種。
由前文的論述可見，有許多在數學裏公認有效的証明法式在直構邏
輯裏都被否定。在這情況下，當一個數學家發現自己能夠用標準邏
輯來証明某個行內都想証明的數學命題 時，該証明在直構邏輯裏
卻可能屬於不合法。

但即使如此，該數學家還是不會(理應不會)因而放棄發表那
個証明的。單此一點，便可表明直構邏輯並不適合(至少目前還未
適合)用做邏輯分析的工具。

· 4 ·

多值邏輯的處境與直構邏輯的處境局部相似。譬如前述那條
刻劃 m 值邏輯(m≥3)與標準二值邏輯之間的關係的後設定理

$$\forall m \left[m \geq 3 \rightarrow T(Lm) \subset T(L2) \right]$$

就表示至少有一條標準二值邏輯的定理在多值邏輯 Lm >2 之中不能成立。例如排中律「$p \vee \sim p$」就是這樣的定理〔因為當 $\upsilon (p) = 1/2$ 時，$\upsilon (p) = \upsilon (\sim p) = 1/2$，於是 $\upsilon (p \vee \sim p) = 1/2$〕。但主流數學家是不會因此就放棄利用排中律來從事証明的，因為放棄排中律會使數學家受到很大的掣肘，使証明的範圍大大縮減。雖然有少數特定的問題確能應用多值邏輯來有效處理(比如用來証明某些命題邏輯系統的獨立性)，然而從「無可置疑普遍適用」這項要求著眼時，多值邏輯雖可說是甚具學術價值的研究論題，即甚具學術價值的分析對象，但卻不能(或仍未足以)作為邏輯分析的基本工具。

· 5 ·

如果多值邏輯至今只適宜作為分析的對象，而不適合用做分析的工具，那麼可建基於多值邏輯上的模糊邏輯，是否也僅僅適宜作為分析的對象，而不適合用做分析的工具？本書對此問題持否定的答案，試析論如下。

此中最大的關鍵就是：模糊邏輯「可」建基於多值邏輯上，並不等於模糊邏輯「必須」建基於多值邏輯上；而事實上模糊邏輯最可用、最通行的版本(即上文所描繪的那個版本)並不是建基於多值邏輯上的，而是把模糊集論置於標準邏輯的框架內構築起來的。

例如其中的「吸收律」 $A \underset{\sim}{\cup} (A \underset{\sim}{\cap} B) = A$ ，就是在標準邏輯的框架內証明的：

$$\mu_{\underset{\sim}{A} \cup (\underset{\sim}{A} \cap \underset{\sim}{B})} (x) = max \left[\mu_{\underset{\sim}{A}} (x) , \mu_{\underset{\sim}{A} \cap \underset{\sim}{B}} (x) \right]$$

$$= max \left[\mu_{\underset{\sim}{A}}(x), \ min \left[\mu_{\underset{\sim}{A}}(x), \mu_{\underset{\sim}{B}}(x) \right] \right]$$

$$= \begin{cases} max \left[\mu_{\underset{\sim}{A}}(x), \mu_{\underset{\sim}{B}}(x) \right], \text{當} \ \mu_{\underset{\sim}{A}}(x) \geq \mu_{\underset{\sim}{B}}(x) \\ max \left[\mu_{\underset{\sim}{A}}(x), \mu_{\underset{\sim}{A}}(x) \right], \text{當} \ \mu_{\underset{\sim}{A}}(x) < \mu_{\underset{\sim}{B}}(x) \end{cases}$$

$$= \mu_{\underset{\sim}{A}}(x)$$

$$\therefore \quad \underset{\sim}{A} \cup (\underset{\sim}{A} \cap \underset{\sim}{B}) = \underset{\sim}{A}$$

又如其中的「對偶律」$\overline{\underset{\sim}{A} \cup \underset{\sim}{B}} = \overline{\underset{\sim}{A}} \cap \overline{\underset{\sim}{B}}$，也是在標準邏輯

的框架內証明的：

$$\mu_{\overline{\underset{\sim}{A} \cup \underset{\sim}{B}}}(x) = 1 - \mu_{\underset{\sim}{A} \cup \underset{\sim}{B}}(x)$$

$$= 1 - max \left[\mu_{\underset{\sim}{A}}(x), \mu_{\underset{\sim}{B}}(x) \right]$$

$$\mu_{\overline{\underset{\sim}{A}} \cap \overline{\underset{\sim}{B}}}(x) = min \left[\mu_{\overline{\underset{\sim}{A}}}(x), \mu_{\overline{\underset{\sim}{B}}}(x) \right]$$

$$= min \left[(1 - \mu_{\underset{\sim}{A}}(x)), (1 - \mu_{\underset{\sim}{B}}(x)) \right]$$

$$\text{若} \quad \mu_{\underset{\sim}{A}}(x) > \mu_{\underset{\sim}{B}}(x) \text{，則}$$

$$\mu_{\overline{\underset{\sim}{A} \cup \underset{\sim}{B}}}(x) = 1 - \mu_{\underset{\sim}{A}}(x)$$

$$\mu_{\overline{\underset{\sim}{A}} \cap \overline{\underset{\sim}{B}}}(x) = 1 - \mu_{\underset{\sim}{A}}(x)$$

若 $\mu_{\underset{\sim}{A}}(x) \le \mu_{\underset{\sim}{B}}(x)$，則

$$\mu_{\overline{\underset{\sim}{A} \cup \underset{\sim}{B}}}(x) = 1 - \mu_{\underset{\sim}{B}}(x)$$

$$\mu_{\overline{\underset{\sim}{A}} \cap \overline{\underset{\sim}{B}}}(x) = 1 - \mu_{\underset{\sim}{B}}(x)$$

$$\therefore \quad \mu_{\overline{\underset{\sim}{A} \cup \underset{\sim}{B}}}(x) = \mu_{\overline{\underset{\sim}{A}} \cap \overline{\underset{\sim}{B}}}(x)$$

$$\therefore \quad \overline{\underset{\sim}{A} \cup \underset{\sim}{B}} = \overline{\underset{\sim}{A}} \cap \overline{\underset{\sim}{B}}$$

以上兩個証明都採用了標準邏輯的排中律「$p \vee \sim p$」來進行，詳言之就是通過邏輯的排中律而把數論的三分律 $\forall x \forall y(x > y \vee x = y \vee x < y)$ 形構為

（1）　　　$\forall x \forall y(x \ge y \vee x < y)$

　　　　　　　$[x < y =_{df} \sim x \ge y]$

（2）　　　$\forall x \forall y(x > y \vee x \le y)$

　　　　　　　$[x > y =_{df} \sim x \le y]$

然後在吸收律的証明中應用了（1）式，在對偶律的証明中應用了（2）式。

由於模糊邏輯(上述版本)乃在標準邏輯的框架內構築起來，這種邏輯與標準邏輯自然沒有衝突，因而不會失掉標準邏輯那種方法學上的優勢。又由於高階邏輯(經典集論[5])也是在標準邏輯的框架內構築起來的，於是我們可以採取這樣的「**方法學策略**」：那就是以標準邏輯作為思維框架——事實上這也是最普遍適用、具有最大認受性的思維框架——然後當我們進一步需要用到集論作為分析工具時，我們就視乎問題的性質來決定究竟要採用經典集論呢還是採用模糊集論來進行。

---

[5] 在此可包括 ZF 和 NBG 等公理集論而不限於經典樸素集論。

第 6 章 概率邏輯分析
——數理邏輯分析(IV)

前面三章所論的標準邏輯、高階邏輯和各種異制邏輯，所展示的推理都是演繹推理。演繹推理有邏輯必然性，反之，歸納推理並無邏輯必然性，只有經驗概然性。但值得注意的是：對歸納推理所涵涉的基本概念——「概率」——作出釐定的概率邏輯，所刻劃的推理仍屬演繹推理，仍是具有邏輯必然性的。

概率邏輯主要有兩種，一種以「印証度」爲核心概念，另一種以「相對頻率極限」爲核心概念。沿用卡納普的術語[1]，前者叫做「概率 1」，可簡稱爲「P_1」；後者叫做「概率 2」，可簡稱爲「P_2」。以下論述與此相應的兩種概率邏輯[2]：在此稱爲「P_1L」和「P_2L」。

一、概率邏輯 P_1L

P_1L 的基礎在「印証度」的概念： $c(h,e) = r$

---

[1] Cf. Carnap[1950].

[2] Cf. Arthur[1965]; Borkar[1995]; Carnap[1950], [1966]; Corfield & Williamson[2001]; French [1958]; Kyburg & Teng[2001]; Popper[1959]; Reichenbach[1949]; Salmon[1966].

其中 c 是表徵印証度的函數，r 是[0,1]區間內的一個實數。整個
公式的意思是說：証據命題 e 給予假設 h 的印証度等於 r。以下通
過「Ln(或 L∞)所含的 SD」這個概念來初步釐定「c 函數」。

(A) Ln 及 L∞所含的 SD

　　首先考慮以標準邏輯為骨架的無限多個有限語言 Ln(n = 1，
2，3，…)以及一個無限語言 L∞。每個 Ln 都是一個含有 n 個個體
常項 σ1，σ2，...，σn 的一階語言，而 L∞則是一個含有無限多
個個體常項 σ1，σ2，σ3，…的一階語言。這些語言每一個都具
有有限個一階 k 元謂詞Φ1，Φ2，…，Φm 和無限個個體變元 α1，
α2，α3，…。作為一階語言，Ln 和 L∞的邏輯資具包括有連詞「~」、
「∧」、「∨」、「→」、「≡」以及量符「∀」和「∃」；此外，Ln 和 L
∞都有同一號「=」。

　　標明了 Ln 和 L∞的構成素材後，下一步是界定 Ln 和 L∞所含
的「狀況描述」(state description，簡稱為「SD」)。

　　設Φj 是一個 k 元謂詞，σ1，σ2，…，σk(k≧1)是一系列
個體常項。把任何具有「Φj(σ1，…，σk)」這種形式的語句稱
為「原子語句」(atomic sentence)。令 C 為 Ln 的所有原子語句的
並聯式。顯然，C 可以把 Ln 所能描述的宇宙 Un 的一個可能狀況完
全描述出來。這樣的 C 就是 Un 的一個可能的狀況描述。如果將 C
之中的某個或某些或全部原子語句加以否定，那就會得到關於 Un
的另一種可能的狀況描述。C 以及所有通過剛才所述的方式(即「否
定 C 之中的某個或某些或全部原子語句」)而得到的各個並聯式，
全都是 Ln 所含的 SD。例如：C 本身就是 Ln 所含的一個 SD；把組

成 C 的第一個原子語句加以否定，由此得到的另一個並聯式 C' 也是 Ln 所含的一個 SD。至於 L∞，由於這個語言的原子語句有無限多個，因此不能把它們寫成一個並聯式，但我們還是可以採取類似剛才界定「Ln 所含的狀況描述」的方式來界定「L∞ 所含的狀況描述」的。令 L∞ 的無限多個原子語句為 A1，A2，A3，……。設 Bi 是 Ai 或~Ai，其中 $i \geq 1$。於是可以這樣界定：任何一個無限集{B1，B2，B3，……}都是 L∞ 所含的一個狀況描述 SD。

現在通過一個簡單的語言 Ln* 來詳細闡釋。Ln* 具有 n 個個體常項 $\sigma 1$，$\sigma 2$，……，σn 以及 m 個單元謂詞 $\Phi 1$，$\Phi 2$，……，Φm。設 Un* 是對應於 Ln* 的宇宙，即是說，Un* 是 Ln* 所能描述的宇宙。據此，Un* 總共有 $2^{n \cdot m}$ 個可能狀況，每個可能狀況都有下列的某個並聯式(SDi)與之對應。換言之，下列並聯式的每一個都能把 Un* 的一個可能狀況完全描述出來：

(SD1) $\Phi 1(\sigma 1) \wedge \Phi 1(\sigma 2) \wedge \cdots \wedge \Phi 1(\sigma n) \wedge \Phi 2(\sigma 1)$
                     $\wedge \cdots \wedge \Phi 2(\sigma n) \wedge \cdots \wedge \Phi m(\sigma n)$

(SD2) $\sim\Phi 1(\sigma 1) \wedge \Phi 1(\sigma 2) \wedge \cdots \wedge \Phi 1(\sigma n) \wedge \Phi 2(\sigma 1)$
                     $\wedge \cdots \wedge \Phi 2(\sigma n) \wedge \cdots \wedge \Phi m(\sigma n)$

(SD3) $\Phi 1(\sigma 1) \wedge \sim\Phi 1(\sigma 2) \wedge \cdots \wedge \Phi 1(\sigma n) \wedge \Phi 2(\sigma 1)$
                     $\wedge \cdots \wedge \Phi 2(\sigma n) \wedge \cdots \wedge \Phi m(\sigma n)$

(SD4) $\sim\Phi 1(\sigma 1) \wedge \sim\Phi 1(\sigma 2) \wedge \cdots \wedge \Phi 1(\sigma n) \wedge \Phi 2(\sigma 1)$
                     $\wedge \cdots \wedge \Phi 2(\sigma n) \wedge \cdots \wedge \Phi m(\sigma n)$

      ·   ·

      ·   ·

      ·   ·

（SD2ⁿ）　$\sim\Phi1(\sigma1)\wedge\sim\Phi1(\sigma2)\wedge\cdots\wedge\sim\Phi1(\sigma n)\wedge\Phi2(\sigma1)$
$\wedge\cdots\wedge\Phi2(\sigma n)\wedge\cdots\wedge\Phi m(\sigma n)$

$$\vdots \qquad\qquad\qquad\qquad\qquad\qquad \vdots$$

（SD2ⁿ·ᵐ）　$\sim\Phi1(\sigma1)\wedge\sim\Phi1(\sigma2)\wedge\cdots\wedge\sim\Phi1(\sigma n)\wedge\sim\Phi2(\sigma1)$
$\wedge\cdots\wedge\sim\Phi2(\sigma n)\wedge\cdots\wedge\sim\Phi m(\sigma n)$

上列的 $2^{n\cdot m}$ 個 SD，每一個都是 Ln* 所含的一個狀況描述。

　　容易看出，任何一個可以由 Ln* 所陳構的語句，都能通過 Ln* 所含的狀況描述來表述，即等值於某個由這些狀況描述所組成的選取式。例如：

（E1）　$\forall\alpha_1[\Phi1(\alpha_1)\wedge\Phi2(\alpha_1)\wedge\cdots\wedge\Phi m(\alpha_1)]\equiv(\mathrm{SD1})$

（E2）　$\exists\alpha_1[\Phi1(\alpha_1)\vee\Phi2(\alpha_1)\vee\cdots\vee\Phi m(\alpha_1)]\equiv$
$[(\mathrm{SD1})\vee(\mathrm{SD2})\vee\cdots\vee(\mathrm{SD2}^{n\cdot m}-1)]$

（E3）　$\Phi1(\sigma1)\equiv[(\mathrm{SD1})\vee(\mathrm{SD3})\vee\cdots\vee(\mathrm{SD2}^n+1)\vee\cdots\vee(\mathrm{SD2}^{n\cdot m}-1)]$

　　這幾個例子顯示，在等值號「$\equiv$」的右方出現的任何一個狀況描述若是真的，則在該等值號左方的語句也會是真的。由此可知，前者與後者是邏輯上相容的。比方在(E3)之中，$\Phi1(\sigma1)$ 與(SD1)是相容的，與(SD3)是相容的，與(SD5)是相容的……依此類推。

　　設 A 是 Ln* 的任一個語句；S1，S2，…，Sj 是所有與 A 相容而又爲 Ln* 所含的狀況描述。界定：{S1，S2，…，Sj} 這個集合是 A 的值域。例如 $\exists \alpha 1[\Phi 1(\alpha_1) \vee \Phi 2(\alpha_1) \vee \cdots \vee \Phi m(\alpha_1)]$ 的值域是 $\{(SD1)，(SD2)，\cdots，(SD2^{a\cdot m}-1)\}$。以上對值域的定義，容易推廣，使之不僅適用於 Ln*，而且還適用於任何 Ln，乃至對 L∞ 來說亦爲適用。

　　討論到此，已經爲「印証度」的釐定做好了準備工作。現在開始考察對「印証度」的釐定。

(B) 量度函數與印証函數

　　任何能在我們所考慮的語言(例如 Ln*)之中陳構出來的語句，都可視爲一個假設；再者，凡是能在該語言之中陳構出來的非矛盾語句，都可視爲那個假設的証據(或稱爲「証據命題」)。一個假設受某項証據支持到什麼程度(即這個假設從該証據可得到多少的印証度)──對這個問題的解決，PₜL 採取的進路就是：將証據的值域與假設的值域重疊的部分作一比較，然後基於這個比較來決定該証據給予該假設的印證度有多少。

　　怎樣量度証據與假設的值域呢？

　　首先嘗試給每個狀況描述賦與相等的概率，看看效果如何。比方說，給 Ln* 之中的 $2^{a\cdot m}$ 個狀況描述每個都賦與相等的概率，即每一個的概率都是 $1/2^{a\cdot m}$。然後試將一個語句的值域所含的狀況描述之概率的總和看作該語句的值域之量度。舉例來說，在 Ln* 之中，$\forall \alpha 1[\Phi 1(\alpha 1) \wedge \Phi 2(\alpha 1) \wedge \cdots \wedge \Phi m(\alpha 1)]$ 的值域之量度是 $1/2^{a\cdot m}$；$\exists \alpha 1[\Phi 1(\alpha 1) \vee \Phi 2(\alpha 1) \vee \cdots \vee \Phi m(\alpha 1)]$ 的值域之量度

是$(2^{a \cdot m}-1)/(2^{a \cdot m})$；至於$\Phi 1(\alpha 1)$的值域之量度則是 1/2。

基於以上對「量度」所作的規定，可以試給「印証度」提出如下的定義。

令 h 為假設，e 為証據命題。以量度函數「m(A)」表徵語句 A 的值域之量度(例如「m($h \wedge e$)」即表示 h 與 e 所組成的並聯式之值域的量度)，再以印証函數「c(h，e)」表徵假設 h 從証據 e 所得到的印証度。於是，初步這樣界定：

$$(\text{DC}) \qquad c\ (h，e) = \frac{m(h \wedge e)}{m(e)}$$

現在的問題是：(DC)能否作為「印証度」的一個恰當的釐定？答案是否定的，因為，依據(DC)，無論一個性質出現的次數怎樣增加，「這個性質會再次出現」這項假設的印証度 c(h，e)卻不會增加，可見(DC)藏有一個不合理的涵蘊，即：我們不可能從經驗汲取教訓。

用一個簡化的語言 Ln+作為例子來說明這個不合理的涵蘊[3]。設 Ln+只有一個單元謂詞「...是白色的」以及三個個體常項「甲天鵝」、「乙天鵝」、「丙天鵝」。將這個謂詞簡寫為「G」，將那三個個體常項順序簡寫為「a」、「b」、「c」。Ln+共有 $2^{3 \times 1}$=8 個狀況描述：

(1) $\quad G(a) \wedge G(b) \wedge G(c)$

(2) $\quad {\sim}G(a) \wedge G(b) \wedge G(c)$

(3) $\quad G(a) \wedge {\sim}G(b) \wedge G(c)$

（4）　　　G(a)∧G(b)∧~G(c)

（5）　　　~G(a)∧~G(b)∧G(c)

（6）　　　~G(a)∧G(b)∧~G(c)

（7）　　　G(a)∧~G(b)∧~G(c)

（8）　　　~G(a)∧~G(b)∧~G(c)

現在以 G(c)作為假設。如果我們擁有証據 G(a)，那麼，依據 (DC)，G(c)由 G(a)所得到的印証度是：

（Ⅰ）　　$c(G(c)，G(a)) = \dfrac{m(G(c) \wedge G(a))}{m(G(a))} = \dfrac{1}{2}$

進一步，假定我們擁有的証據不僅包含了 G(a)，而且還包含了 G(b)。在此情況下，G(c)的印証度是多少？根據(DC)，G(c)的印証度是：

（Ⅱ）　　$c(G(c)，G(a) \wedge G(b)) = \dfrac{m(G(a) \wedge G(b) \wedge G(c))}{m(G(a) \wedge G(b))} = \dfrac{1}{2}$

這個結果顯然悖理，因為，在第（Ⅰ）種情況中，G(c)的証據只有 G(a)，在第（Ⅱ）種情況中，其証據增至 G(a)∧G(b)，依此，我們自然會預期 G(c)在後一情況中的印証度高於其在前一情況中的印証度，可是計算的結果卻顯示在該兩個情況中 G(c)的印証度完全相等，即 1/2。毛病出在什麼地方？以下就此問題作出剖析。

---

[3] Cf. Salmon[1966].

(C)「m＊函數」與「c＊函數」

　　從古典概率論的觀點看，所謂概率，乃是選定事件的數目與可能事件的數目之間的比值。除非有理由相信某種事件出現的次數會多於其他事件出現的次數，否則須將這些事件視爲同等概然，即視爲具有相等的概率。這個原則，凱因斯(J.M. Keynes)稱之爲「無偏原則」(Principle of Indifference)。前述對任一個語句φ的值域之量度m(φ)，其實就是根據無偏原則來規定的。這種樣式的量度，稱爲「m函數」。基於m函數而得到的 c(h，e)，稱爲「c函數」。上述c函數的弊病正源自m函數，也就是說，最終源自無偏原則。顯然，一旦採取無偏原則，我們就要給所有狀況描述賦予相等的概率。但正是這樣的賦值出了問題，例如 G(c)從 G(a)所得的印証度與它從 G(a)∧G(b)所得的印証度相等，而這是不合理的。

　　在此，卡納普提出了一種解決困難的辦法。首先，界定「結構描述」(structure description)。設 φ₁與 φ₂是兩個狀況描述，如果φ₁與φ₂只在個體常項的分配方面有所不同，在其他方面沒有不同，那麼就說φ₁與φ₂是「同構的」(isomorphic)。設Σ是由狀況描述組成的一個集合，如果Σ的任何兩個分子都是同構的並且如果任何與Σ的分子同構的狀況描述都是Σ的分子，那麼就說Σ是一個「結構描述」；就算Σ只有一個分子，也仍然稱爲「結構描述」。由此可見，結構描述的劃分，僅僅由具有某某性質的個體之數目來決定；至於「哪個個體具有該性質？」這個問題，則與結構描述的劃分無關。

　　m函數把相等的概率賦給每一個狀況描述；現在考慮另一種給狀況描述賦予概率的方式。首先給每一個結構描述賦予相等的概

率，然後再以結構描述所含的狀況描述去平分該結構描述的概率。通過這種指派概率的方式來決定語句值域的概率，那就是「m*函數」。藉著m*函數，可以界定「c*函數」如下：

（DC*） $$c*(h，e) = \frac{m*(h \wedge e)}{m*(e)}$$

前面討論過的 c 函數所引起的不合理結果，對於 c*函數來說即不復存在。要闡明這一點，可先把 Ln+ 的結構描述以及 m*函數所指派的概率表列出來：

（ⅰ）　　　　$G(a) \wedge G(b) \wedge G(c)：1/4$

（ⅱ）
$\sim G(a) \wedge G(b) \wedge G(c)：1/12$
$G(a) \wedge \sim G(b) \wedge G(c)：1/12$ $\Big\}$ 1/4
$G(a) \wedge G(b) \wedge \sim G(c)：1/12$

（ⅲ）
$\sim G(a) \wedge \sim G(b) \wedge G(c)：1/12$
$\sim G(a) \wedge G(b) \wedge \sim G(c)：1/12$ $\Big\}$ 1/4
$G(a) \wedge \sim G(b) \wedge \sim G(c)：1/12$

（ⅳ）　　　　$\sim G(a) \wedge \sim G(b) \wedge \sim G(c)：1/4$

上面的（ⅰ）─（ⅳ）表示 Ln+共有的 4 個結構描述，（ⅱ）與（ⅲ）各自含有 3 個狀況描述，緊跟著每個狀況描述的分數代

表狀況描述在 m*函數的指派下的概率。依此，上一分節的（Ⅰ）與
（Ⅱ）式經過 m*函數與 c*函數的校正之後，可以這樣修改：

$$（Ⅰ*） \quad c*(G(c)，G(a)) = \frac{m*(G(c) \wedge G(a))}{m*(G(a))} = \frac{2}{3}$$

$$（Ⅱ*）c*(G(c)，G(a) \wedge G(b)) = \frac{m*(G(a) \wedge G(b) \wedge G(c))}{m*(G(a) \wedge G(b))} = \frac{3}{4}$$

到此，我們已經把 P_1L 的基本觀念和主要思路剖析過了。從以
上的剖析可見，P_1L 或可適用於某些非常簡單的模型語言（像 Ln+），
然而一旦要處理整個自然語言及與之相應的真實宇宙中的概率問
題時，P_1L 遠遠未達到可實際應用的階段，因為，如何構造關於真
實宇宙的量度函數 m*——此乃界定 P_1L 的核心概念 c*函數的最大
關鍵所在——這個問題的解決至今未有半點眉目，甚至難以想像從
哪個方向著手就可能發現解題的眉目。

總括言之，目前 P_1L 只是一幅理想藍圖，並不能作為概率邏輯
分析的實際可用的工具。為了找尋概率邏輯分析的實際可用的工
具，現在轉去考察以下的概率邏輯系統 P_2L。

二、概率邏輯 P_2L

茲陳示一個相當簡單但涵蓋甚廣（例如貝葉斯定理可在其中得
到証明）的公理概率演算系統 APS。APS 可通過頻率解釋而成為概率

邏輯 P_2L 的一個公理系統，此系統乃本書就通行的公理概率演算用經典邏輯的框架來重構並賦以頻率解釋所得的結果，其內部証明僅僅假定經典邏輯，或說是僅僅假定標準邏輯加集合論（其後設証明和後設敘述有時需要用到其他數學分支如代數和微積分的概念和定理，但這是另一回事）。

(A) 相對頻率極限

APS 只有三條公理[4]：

(APS1) $\forall x \left(\exists i\, (x = Ei) \to \xi\left[x\right] \geq 0 \right)$

(APS2) $\xi\left[E^{ct}\right] = 1$

(APS3) $\left(E = \bigcup E_i^a \right) \to \left(\xi\left[E\right] = \Sigma\, \xi\left[E_i^{\,a}\right] \right)$

[解釋]　在概率模型（稱之為「M」）之中，任何一次自然運作或人為運作都叫做一個「實驗」，實驗的可能結果叫做「樣本點」（sample point），由所有樣本點所構成的集合叫做（該模型 M 的）「樣本空間」，稱之為「S''」。S'' 的任一個子集都叫做一個「事件」，稱之為「E」。換言之，模型 M 中的任何事件 Ei 由下式界定：

---

[4] Cf. Arthur[1965].

(Df1) $\forall x \Big[(x = Ei) \equiv (x \subseteq S^M) \Big]$

當一個事件只含一個樣本點時，該事件就叫做「原子事件」(atomic event)[5]，記作「E^a」。當一個事件包含所有樣本點時，該事件就叫做「必然事件」(necessary event)，記作「E^{ct}」。

　　S^M的基本概率性質由(APS1)—(APS3)刻劃出來。這三條公理聯合起來就對「ξ」給出了一種徵定(characterization)，或稱爲隱默界定(implicit definition)。如此徵定了的ξ，就是模型 M 中的**概率函數**。

　　不過，這樣的徵定僅僅是形式徵定，還未算給「ξ」賦予了語意解釋。今取頻率學派的進路，以「相對頻率極限」的概念給「ξ」賦予語意解釋：就是把

$$\lim_{x \to \infty} \chi^a(\alpha , \beta) \qquad [\alpha 相對於 \beta 的頻率極限]$$

視爲序列 χ 之中的 α (相對於 β)的概率。當 β 沒有被標示出來時，β 可理解爲某個原則上可標示出來的參考類——於是ξ [E]就可以理解爲ξ [E，F]，其中的 F 即爲原則上可標示出來的參考類。

　　經過這樣的語意解釋，APS 就是概率邏輯 P_2L 的一個公理系統。

---

[5] 也叫做「簡單事件」。此處隨邏輯原子論的傳統稱之爲「原子事件」。

(B) 分離樣本空間中的 ξ 函數

以上有關模型 M 的刻劃，並沒有規定 S^M 的勢(cardinality)。現在首先考慮 S^M 的勢屬於有限或可數無窮時──即 S^M 為分離樣本空間時──的概率性質，後面再簡略剖示 S^M 的勢屬於不可數無窮時──即 S^M 為連續樣本空間時──的概率性質。

由(APS1)─(APS3)出發，可以証明的定理包括下列各條(約定 E_1、E_2、E_3 等等可以記作 E、F、G 等等)：

（T1）
$$\left(S^M = \bigcup_{i=1}^{\infty} E_i^a \right) \rightarrow \left(\xi\left[S^M \right] = \sum_{i=1}^{\infty} \xi\left[E_i^a \right] = 1 \right)$$

由於本章旨在探討概率邏輯分析的特性，而不是要細緻地建構概率演算的系統，以下僅僅再列舉出 APS 的幾條基本而又簡單的定理作參考之用就已足夠：

（T2）　$\left(E \cap F = \phi \right) \rightarrow \left(\xi\left[E \cup F \right] = \xi\left[E \right] + \xi\left[F \right] \right)$

（T3）　$\xi\left[\phi \right] = 0$

（T4）　$\xi\left[E \cap \overline{F} \right] = \xi\left[E \right] - \xi\left[E \cap F \right]$

（T5）　$\xi\left[\overline{E} \right] = 1 - \xi\left[E \right]$

（T6） $\qquad \xi[E \cup F] = \xi[E] + \xi[F] + \xi[E \cap F]$

至此，我們可以通過定義把「條件概率」引入 APS 系統之中：

(Df2) $\qquad \xi[\ B \mid A\ ] = \dfrac{\xi[B \cap A]}{\xi[A]}$

其中 A、B 為事件變元，取值於事件集 $\{x : \exists i (x = Ei)\}$，而 $\xi[B \mid A]$ 則表示「在『A 已發生了』這個條件下的 B 的概率」。

今設 $S^M = \bigcup_{i=1}^{n} E_i^a$

令 $A = E_1^a \bigcup E_2^a \bigcup ... \bigcup E_l^a , 1 \le l \le n$

於是 $\xi[A] = \sum_{j=1}^{l} \xi[E_j^a]$

由於 $\sum_{j=1}^{n} \xi[A \mid E_j^a] \xi[E_j^a] = \sum_{j=1}^{n} \xi[A \cap E_j^a]$

$$= \sum_{j=1}^{l} \xi[E_j^a]$$
$$= \xi[A]$$

因此　$\dfrac{\xi\left[A\mid E_k^a\right]\xi\left[E_k^a\right]}{\sum\limits_{j=1}^{n}\xi\left[A\mid E_j^a\right]\xi\left[E_j^a\right]}=\dfrac{\xi\left[A\mid E_k^a\right]\xi\left[E_k^a\right]}{\xi\left[A\right]}$

$$=\dfrac{\xi\left[A\bigcap E_k^a\right]}{\xi\left[A\right]}$$

$$=\xi\left[E_k^a\mid A\right]\ (1\leq k\leq n)$$

據此可得　$\xi\left[E_k^a\mid A\right]=\dfrac{\xi\left[A\mid E_k^a\right]\xi\left[E_k^a\right]}{\sum\limits_{j=1}^{n}\xi\left[A\mid E_j^a\right]\xi\left[E_j^a\right]}$

這就是著名的貝葉斯定理(Bayes' Theorem)。

　　貝葉斯定理不但對於數理統計極其重要，對哲學來說也大有

意義，比如可籍以釐定因果關係——當$\left\{E_j^a\right\}$為因集時，貝葉斯定

理給出「A為E_k^a之果」的概率。

(C) 連續樣本空間中的ξ函數

　　以上剖析過分離樣本空間中的概率特性，現在考察連續樣本

空間中的概率特性。

　　當我們取全實線或實線上的區間作為樣本空間時，該樣本空

間即屬「連續樣本空間」。今設全實線 $<-\infty, +\infty>$ 為我們所考慮的樣本空間，由是可引介**概率分布函數** φ (distribution function φ)如下：

（ Df3 ）　　　　$\varphi (x) = \xi \left[\left\{ x' : x' \leq x \right\} \right]$

依此定義，並據公理 APS2，可知

$$\lim_{x \to +\infty} \varphi (x) = \varphi (+\infty) = 1$$

又據定理 T3，可知

$$\lim_{x \to -\infty} \varphi (x) = \varphi (-\infty) = 0$$

　　設 a＜b，則

$$\varphi (b) - \varphi (a) = \xi \left[\left\{ x' : x' \leq b \right\} \right] - \xi \left[\left\{ x' : x' \leq a \right\} \right]$$
$$= \xi \left[\left\{ x' : a < x' \leq b \right\} \right]$$

　　如果概率分布函數 φ(x)為連續函數並在實線的所有點上都有導數，則 φ(x)所決定的概率分布就叫做連續的。設 φ(x)的導數為

132

$$\frac{d}{dx}\varphi(x) = f(x)$$

由於 $\varphi(x)$ 是一個非遞減函數，故此 $f(x) \geq 0$。

綜合以上各點，由積分基本定理可得：

$$\varphi(x) - \varphi(-\infty) = \int_{-\infty}^{x} f(x')\,dx'$$

又據前示，已知 $\varphi(-\infty) = 0$，因此：

$$\varphi(x) = \int_{-\infty}^{x} f(x')\,dx'$$

此處的函數 f 就叫做「**概率密度函數**」。下文對卡納普一個有關的觀點作出批評並對概率邏輯分析(屬於 P_2L)的本質進行釐定時，將會用到「概率密度函數」這個概念。[順便一提：注意概率密度函數並不等於概率函數──按其定義可知，這種函數可取大於 1 的值。]

上一節已指出，P_1L 目前只是一幅理想藍圖，不能實際應用。反之，P_2L 則緊扣著實際被採用的概率演算來加以公理化並賦予語

意解釋(以「相對頻率極限」來解釋「ξ」)。這樣構築出來的 P_2L，正可作為概率邏輯分析的工具，因為，P_2L 恰恰就是在科學研究中被實際應用著的概率演算的一種邏輯重構。

結　語

卡納普說:「我認為頻率概念──亦稱為統計概率──是一個良好的科學概念……在我看來,概率的邏輯概念是另一個概念,同等重要但具有完全不同的本質。」[6]又說:「統計概率[P₂]是一個科學的經驗概念。」[7]

卡納普這個論斷,在概率邏輯的研究當中產生了相當大的影響。雖然他所建構的概率邏輯[P₁L]並未成功,更未能實際應用,但他對「概率 1/概率 2」(邏輯概率/統計概率)的定性,並沒有受到有力的駁斥。其實這樣的定性藏有嚴重的錯誤,以下就此問題作出論析。

試考慮波動方程的穩恒態式:

$$\frac{\partial^2 \Psi}{\partial x^2} + \frac{8\pi^2 m}{h^2}\left[E - V(x)\right]\Psi = 0$$

通過方程式求解,可知 Ψ 本質上為複數,此意味著 Ψ 並沒有直接的物理詮釋。依據 M. Born,$|\Psi|^2$ 應被理解為表徵概率密度。比如,當單個粒子制限於沿著 x 軸移動時

---

[6] Carnap [1966], p.34.
[7] 同上。

$$| \Psi(x) |^2 dx$$

就是可發現該粒子在 x 與 x +dx 之間的概率。（這種詮釋已經取得了「主流詮釋」的地位，所謂「波函數範常化」就是來自這種詮釋的。）

今據概率演算，x 和 x +△x 之間的概率為 f(x)△x [f 為概率密度函數]，因此，絕對精確地得到 x 值的概率為零——但此事如何理解？現在剖析並疏解這個問題如下。

上文(第二節)提示過，{ x′ : a < x′ ≤ b}的概率由下式給出：

（1）

$$\xi\left[\left\{x' : a < x' \le b\right\}\right] = \varphi(b) - \varphi(a)$$

$$= \int_{-\infty}^{b} f(x)dx - \int_{-\infty}^{a} f(x)dx$$

$$= \int_{a}^{b} f(x)dx$$

同理，{ x′ : x < x′ ≤ x +△x }的概率由下式給出：

（2）

$$\xi\left[\left\{x' : x < x' \le x + \Delta x\right\}\right] = \int_{x}^{x+\Delta x} f(x')dx'$$

$$\approx f(x)\Delta x$$

因此，當△x 遞減時，區間 [x，x +△x]就相應地貼近於 x，這麼一來，f(x)△x 也就趨向於零，於是絕對精確地得到 x 值的概率也

就等於零。

由於實驗只能存在於經驗世界之中，而在任何實驗裏，量度記錄的精確度都只能達到小數點後的有限個位次，所以相應的樣本空間實際上是分離空間，但上述（1）、（2）兩式的論域卻是連續空間，其中的 x 為實數，相等於（或相應於）含小數點的無限展開式，因此之故，「絕對精確地得到 x 值的概率為零」是完全合理的。

以上的分析顯示，統計概率 ξ ——量子物理學的主流詮釋所用的概率，亦即 R. von Mises 和 H. Reichenbach 等人所講的概率，具體言之就是 P_2L 所重構的概率——並不是經驗性的，也就是說，並非如卡納普所言為「經驗概念」，因為，從上面的分析可知，此處的函數 ξ 的論域，其實是一個邏輯論域 M，其分子為邏輯元目／數學元目（實數），其勢（M 之勢）為不可數無窮。由於在現實宇宙中不可能找到論域 M，於是當應用統計概率 ξ（例如在量子物理學中應用）的時候，就需要以分離空間的經驗模型來模擬連續空間的論域。既然在現實宇宙或經驗世界中根本不可能找到這樣的邏輯論域 M，可見以 M 為論域並以實區間[0，1]為值域的函數 ξ，是邏輯概念而不是卡納普所說的經驗概念。ξ 之為邏輯概念，與 ～、→、∨、∧ 以及 ∀、∃ 等之為邏輯概念，並無本質上的差別，都可以歸入邏輯算子的範疇中。

總括言之，當統計學計算經驗事物的相對頻率時，所用的「**相對頻率**」這個概念無疑是經驗概念，但當概率邏輯 P_2L 就相對頻率的極限進行演繹時，「**相對頻率極限**」這個概念卻不是經驗概念而是邏輯概念。

孔子說：「名不正則言不順。」剛才論証了採用 P_2L 來進行分析乃是貨真價實的邏輯分析，這卻不僅僅是關乎「正名」的問題，

而更是關乎「定性」的問題——也就是關乎對概率邏輯分析的本性要如何透徹理解的問題了。

下卷：應用

下卷前言

　　依據上卷所作的區分，邏輯分析(廣義)包含兩型，就是語言邏輯分析和數理邏輯分析；後者可再劃分為四類，其中的異制邏輯分析又可進一步區分為四種(主要的四種)。茲表列如下：

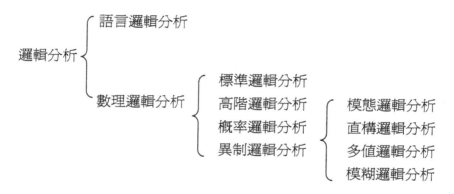

　　從上卷所作的論述可知，語言邏輯分析乃基礎方法，數理邏輯分析則屬進一步的專技方法，其中的標準邏輯、高階邏輯、模態邏輯的核心部分(無爭議部分)、以標準邏輯為框架的模糊邏輯、以及概率邏輯之中的 P_2L 之類，都可以用做有效的分析工具。不過，「可以用」不等於「需要用」。本書下卷所需要用到的邏輯分析，主要是語言邏輯分析和標準邏輯分析，其次是高階邏輯分析。至於模態邏輯分析就僅僅稍微涉及，而模糊邏輯分析和概率邏輯分析則沒有需要用到。

　　本書上卷論述方法,下卷展示方法的應用——用來處理名辯哲學(先秦「名辯之學」)的問題。邏輯分析具有普遍適用性,此處旨在展示其中的一端。以下四章,每章自成一個獨立單元,所論述的都是先秦名辯之學中的重點問題或著名論題。

第 7 章　惠施哲學析論

一、　引論

惠施的思想在中國哲學史中並沒有受到很大的重視，主要有兩個原因：

第一，惠施的著作，《漢書·藝文志》本錄有「《惠子》一篇」，隋以後已亡佚不傳，今人只能在《戰國策》、《莊子》、《荀子》、《韓非子》、《呂氏春秋》等典籍中知其言行的片斷。在《莊子·天下》所載的「歷物之意」雖然只有百餘字，已被當作研究惠施思想的主要依據，可是，「歷物之意」僅爲論辯的結論，其用以支持結論的前提現已無由得知，惠施的原意便難以斷定；礙於原始資料的缺乏，惠施思想的研究受到局限。

第二，惠施本人的主張或其所被劃入的學派(即名家或辯者一派)均受當時或以後學者激烈的抨擊，這些負面的評價影響了後人對惠施思想的重視程度。例如荀子說：「不法先王，不是禮儀，而好治怪說，玩琦辭。甚察而不急[1]，辯而無用，不可以爲綱紀：然而其持之有故，其言之成理，足以欺惑愚眾，是惠施、鄧析也。」(《荀子·非十二子篇》)又說：「惠子蔽於辭，而不知實。」(《荀子·解蔽》)《莊子·天下》說：「然惠施之口談，自以爲最賢，曰

---

[1] 此句原爲「甚察而不惠」，但「惠」字無義，故依王念孫改作「急」，意謂其言雖甚精察詳審，然非世所急須。參見梁啟雄[1983]，第 62 頁。

天地其壯乎。施存雄而無術……以反人爲實,而欲以勝人爲名,是以與眾不適也。」司馬談則說:「名家苛察繳繞,使人不得反其意,專決於名,而失人情。」(《史說‧太史公自序》)

　　這些批評是否允當,我們沒有充足根據來作評定。但這些批評至少反映兩種可能的情況:一、惠施的言論違反常識(治怪說),咬文嚼字,好用新詞(玩琦辭),並由此造成謬誤和詭辯,因此受到詬病;二、惠施的言論確有違反常識,咬文嚼字之處,但卻沒有造成謬誤和詭辯,時人的批評只是不喜其論辯作風。這兩種可能雖然不能同時並存,然而我們卻無法確定實況。我們可以分辨的是:如果惠施的言論因詭辯而受到貶抑,那是理該如此的;但是,如果惠施的言論受到貶抑只是因爲他的論辯作風不爲當時的學者所接受,那麼這種貶抑就沒有很強的客觀理據了。要知道中國文化傳統雖不喜咬文嚼字(「咬文嚼字」一詞已帶貶意),但有時候精細地分析詞義是確有必要的。至於違反常識之說,如果目的在引發新觀點、新角度,而不是爲了嘩眾取寵,那亦有其可取之處的。

　　我們現在難以回復惠施思想的全貌來作論定,目前需要做的工作是對僅存的資料給予善解,然後據此對惠施的哲學作出恰如其分的評價。本章即從邏輯分析的進路,首先辨析惠施對譬喻的一些看法,然後深入剖析惠施哲學的核心部分——歷物之意。

二、對惠施論譬的分析

劉向的《說苑》載有一段惠施與梁王的對話，內容涉及惠施對譬喻的看法。《說苑》載[2]：

客謂梁王曰：「惠子(惠施)之言事也，善譬。王使無譬，則不能言矣。」

王曰：「諾。」

明日見，謂惠子曰：「願先生言事，則直言耳，無譬也。」

惠子曰：「今有人於此而不知彈者曰：『彈之狀何若？』應曰：『彈之狀如彈。』則諭(知)乎？」

王曰：「未諭也。」

(惠子)於是更應曰：「彈之狀如弓，而以竹為弦，則知乎？」

王曰：「可知矣。」

惠子曰：「夫說者固以其所知諭(譬)其所不知而使人知之。今王曰無譬，則不可矣。」

王曰：「善。」

惠施認為以「彈之狀如彈」來解釋彈之狀若何，是無法使得不知彈者知道彈的形狀的，但如果以比喻去解釋，例如以「彈之狀如弓，以竹為弦」去解釋，則能夠使得對弓有所知的人知道彈的形

---

[2] 轉引自楊沛蓀[1988]，第 55 頁。

狀是如何的。由此可見，惠施將比喻視作具有類比說明的作用：「以其所知論其所不知而使人知之」。但這種比喻的結構內容是怎樣的呢？我們可以藉著邏輯分析，清晰而精確地展示惠施的比喻所具有的邏輯結構。不過，首先讓我們來分析一些學者提出的相關觀點。

學者楊沛蓀、周雲之先生等認為：「惠施…用以竹為弦的『弓』的形狀來譬喻『彈』，從而使人們知道了彈之狀。這個『類比』過程可以表述為下面的簡單形式：

已知：弓之狀是以竹為弦的；

告知：彈之狀與弓之狀是相同的；

推知：彈之狀是以竹為弦的。

這個推理過程就相當於三段論第一格 AAA 式：

M 是 P

S 是(等同於)M

所以，S 是 P」[3]

楊、周等學者所作的這個分析是否正確？答案是否定的，理由如下：

第一、「弓之狀是以竹為弦的」這句話不通，因為「以竹為弦」並不表述「弓之狀」。

第二、在惠施的敘述中，根本沒有表示已知「弓之狀是以竹為弦的」，而只是說「彈之狀如弓，而以竹為弦」。其中「以竹為弦」並非用來描述弓之狀，而是用來描述彈之構成材料。

第三、由以上兩點可見，楊、周等學者所謂「推知：彈之狀是以竹為弦的」這個結論是無法成立的。

---

[3] 同上，第 55-6 頁。

　　特別要注意的是，倘如楊、周等學者所言，彈和弓都是「以竹爲弦」，而且「彈之狀與弓之狀是相同的」，那麼彈和弓還有甚麼分別呢？其實在惠施之言中，只表示已知「弓之狀」，若要寫成命題形式，那就是已知「弓之狀是如此如此的」，其中的「如此如此」是一個謂語變項(以下稱之爲「φ」)。在惠施所提的譬喻裏，並沒有(而且也無須)指明「如此如此」的具體內容——即沒有(且無須)用具體謂語(例如「以竹爲弦」)代入變項「φ」之中。由此看來，惠施的比喻只是一個類比判斷：「彈之狀如弓，而以竹爲弦」，而判斷根本不等於論証或推理，因爲論証或推理必須包含前提和結論，可是「彈之狀如弓，而以竹爲弦」的前提和結論在哪裏呢？

　　一旦明白了惠施的比喻並非論証或推理，那就可同時明白此比喻並不具有楊、周等學者所說的那種論証的邏輯結構。既然如此，惠施的比喻具有怎樣的邏輯結構呢？惠施的比喻在邏輯分析上涉及一些機微的技術問題，詳細一點來說，那就是可以分析爲實質意義相同但邏輯結構不同的兩種表述式，以下將這兩種表述式分成（a）、（b）兩點來討論：

　　（a）　「彈之狀如弓(之狀)，而(彈)以竹爲弦」，這個複句由兩個子句「彈之狀如弓」和「(彈)以竹爲弦」組成，兩個子句的主詞並非完全相同：前一個子句的主詞是「彈之狀」，後一子句的主詞是(省略的)「彈」。依此，這個複句具有以下的邏輯結構：

　　（i）　$\forall \alpha (\alpha \in \Phi \rightarrow \alpha \in \Psi) \wedge \forall x(x \in P \rightarrow x \in Q)$

　　其中 x 是一階個體變元，α 是二階個體變元，Φ 表「彈之狀」，

Ψ表「如弓之狀」，P表「彈」，Q表「以竹爲弦」，於是（ⅰ）即意謂「任何 α 若是彈之狀則 α 如弓之狀，並且任何 x 若是彈則 x 以竹爲弦。」

（ｂ）　　「彈，狀如弓，以竹爲弦」，這是一個複謂單句，有兩個謂詞「狀如弓」和「以竹爲弦」，同時共有單一的一個主詞「彈」。依此，這個複謂單句具有以下的邏輯結構：

（ⅱ）　　　　　　$\forall x[Px \rightarrow (Rx \wedge Qx)]$

其中 P、Q 的解釋與（ⅰ）同，而新引入的謂詞 R 則表述「狀如弓」，於是，（ⅱ）即意謂「任何 x 若是彈則 x 狀如弓，並且以竹爲弦。」

以上的分析顯示，楊、周等學者將惠施的比喻解釋爲三段論第一格 AAA 式，實在牽強：無論取（ａ）還是取（ｂ）的詮釋，惠施的比喻都不是三段論——第一、三段論只含三個詞項（term），但（ⅰ）卻含有四個詞項Φ、Ψ、P、Q；第二、組成三段論的命題每個都只含兩個詞項，但（ⅱ）卻含有三個詞項 P、Q、R。

總括言之，上面對惠施的比喻所作的邏輯分析，一方面可顯示出楊、周等學者之誤，同時又可展露出惠施的比喻所具有的邏輯結構。惠施哲學的核心部分——「歷物之意」。

三、對「歷物十事」的分析

現在探討惠施哲學的核心部分——「歷物之意」。惠施的「歷物之意」[4]載於《莊子·天下》篇，傳統上把它分成十條，稱為「歷物十事」：

（ 1 ）　　至大無外，謂之大一；至小無內，謂之小一。

（ 2 ）　　無厚不可積也，其大千里。

（ 3 ）　　天與地卑，山與澤平。

（ 4 ）　　日方中方睨，物方生方死。

（ 5 ）　　大同而與小同異，此之謂小同異；萬物畢同畢異，此之謂大同異。

（ 6 ）　　南方無窮而有窮。

（ 7 ）　　今日適越而昔來。

（ 8 ）　　連環可解也。

（ 9 ）　　我知天下之中央，燕之北、越之南是也。

（ 10 ）氾愛萬物，天地一體也。

對於這十個命題的解說，自古以來已積累了許多種。各種解說的不同主要在兩方面：一方面是斷句的問題，另一方面是對個別命題的詮譯問題。這兩方面又往往是相互關連的。

---

[4] 馮友蘭認為「『歷物之意』就是普遍地考察事物的本質和規律，這是惠施的哲學。」參見馮友蘭[1991]，第 427 頁。

從個別命題的詮釋來說，唐君毅先生認為：「惠施十事中之『今日適越而昔來』，言今昔無異；『南方無窮而有窮』，言有窮無窮無異；『我知天下之中央，燕之北越之南是也』，言南北與中央無異；『連環可解也』，言連與不連無異；『無厚(不)可積也，其大千里』，言無厚與大千里無異。」[5]

唐先生以「X 與 Y 無異」這個公式去詮釋惠施的命題，似嫌過於籠統。唐先生對「歷物之意」的詮釋，所持的理由是「自此天地一體、或大一上看，則一切差異亦成無差異矣。」[6]但如果這是惠施提出「歷物之意」的充分理由，那麼他就可以隨口說出百事千事了，比如說「牛吃草而吃石頭」，「石頭，人也，非人也」……。何以惠施並沒有隨口亂說呢？可見若僅以「X 與 Y 無異」來籠統詮釋惠施的思想，便將錯失「歷物之意」的獨特處。我們必須就每個命題予以剖析，方能得到允當的疏解。以下逐個命題考察，遇到該命題與斷句問題有關時，便一併提出來研究。

（1） 對於第一個命題，馮友蘭先生作出了這樣的詮釋：「道既是至大，又是至小；這就是『道』的自身同一中的差別。」[7]把惠施的「至大」和「至小」解釋為「道」，那純粹是一種臆測，沒有多少理據。

嚴格地說，我們只能斷定：惠施的第一個命題對於「大一」和「小一」下了個定義，前者以「無外」界定，後者以「無內」界定。以牟宗三先生的話來說，惠施所下的定義，是一種「形式的定義」或「邏輯的定義」。牟先生說：「不管現實上有無這種無外之至

---

[5] 唐君毅[1966]，第 149 頁。
[6] 同上。
[7] 馮友蘭[1989]，第 347 頁。

大，而惠施總可給『至大』以邏輯的定義。……關于『至小』亦然。幾何上的『點』似乎合乎此無內之至小。」[8]將第一個命題視作純粹的形式的定義，而不滲入形而上的觀念(例如：道)來作詮釋，看來比較允當，至少沒有加入缺乏「脈絡理據支持」的投射解釋。

（2）　第二個命題是「歷物之意」中比較容易疏解的一個，其意是說平面無厚，故不可積，但平面之大，可致千里。這個疏解現時已為一般學者所接受。

（3）　成玄英將「天與地卑，山與澤平」一句，釋為「以道觀之，則山澤均平，天地一致矣。」這是莊子的觀點，惠施之言是否有此意思，頗成疑問。今人一般將第三個命題詮釋為表示高低的相對性，這個觀點看來合乎文意，即在低地上面的(部分)天空，與高地同「卑」(甚至卑於──低於──高地)，而低地之山與高地之澤平，亦是同一道理。

（4）　對於「日方中方睨，物方生方死」一句，唐君毅先生認為應該分成兩句來解釋，使「歷物之意」共成十一事。他說：「其第四事日方中方睨，則蓋是自日之運動歷程中，其由中而睨(偏)之連續處，看其中之無分。第五事言物方生方死，則應是自物之在生死歷程中，其生與死之連續處，或此生彼死，此死彼生之相連處，看生死之無分。」[9]

從文句上看，「日方中方睨」與「物方生方死」句形相似；從意義上看，它們俱表達出事物變化的歷程，根本毋須刻意分開來解釋。牟宗三先生就將兩句合起來解作一種「變」的對立，他說：「此是從至變以明差別對立之不能立。由此而言，一切是在變之『成為

---

[8] 牟宗三[1994]，第7-8頁。
[9] 唐君毅[1986]，第19頁。

過程』(becoming process)中，並無『是』(to be)可言。一切是而不是：日剛剛中即剛剛不中，物剛剛生即剛剛死。」[10]因此，不管從文句上看或從意義上看，此兩句理應一併解釋。

（5）　第五個命題對同、異作了細緻的區分。有些事物相互之間共同性較多，差異性較少(如紅花與白花)，那就是「大同」而「小異」。有些事物相互之間共同性較少，差異性較多(如白花與白馬)，那就是「小同」而「大異」。但一切事物都同是事物，這是「畢同」；而一切事物都只是其自己而不是另一個事物，這是「畢異」。與畢同畢異比起來，前述的大同小異和小同大異都只是「小同異」，只有畢同畢異才是「大同異」。從這一條看來，惠施是對「同」、「異」作形式的區分，其方法與第一條分析「大」、「小」的意思基本相同。

（6）　對於「南方無窮而有窮」一句，牟宗三先生有十分獨特的看法，他認為歷來此句被視作獨立一條，根本非是；應該將此句與「今日適越而昔來」、「連環可解也」兩條合為一組來解釋，才是善解。他說：「此條說：南方無窮而有窮，今日適越而昔至，此兩句表面上皆是自相矛盾之辭。然惠施暗示之曰：雖似矛盾，而實『連環可解也』。……故『連環可解』是提示語，並非獨立一事。〈天下篇〉述惠施『歷物之意』，自『至大無外』起，無單辭成一事者。皆是若干句合成一小段，為一意。……吾意當惠施說此兩句時，心中實有一圓圈之洞見。此即『連環可解』一提示語之所由來。」[11]

牟先生認為「連環可解也」是提示語，提示「南方無窮而有

---

[10] 牟宗三[1994]，第 13 頁。
[11] 同上，第 19 頁。

窮」和「今日適越而昔來」這兩個表面上自相矛盾的命題其實並不矛盾。他所持的理由有二：第一，「自『至大無外』起，無單辭成一事」。第二，「惠施說此兩句時，心中實有一圓圈之洞見。此即『連環可解』一提示語之所由來。」

對於第一點，以「無單辭成一事」作為理由，此「理」不能成立。須知「連環可解也」雖然是「歷物之意」中最簡短的一句（牟先生說它是一個「單辭」），但它是可以具有獨立完整的意義。

據《戰國策》所載，秦昭王遣使贈齊威王后一個玉連環曰：「齊多智，解此環不？」后以椎擊毀連環，謂秦使曰：「謹以解矣。」又據《呂氏春秋‧君守》所載，魯人贈宋元王連環，無人能解。兒說之弟子「以不解解之」，魯人嘆曰：「固不可解也。我為之而知其不可解也，今不為而知其不可解也，是巧於我。」

前一故事表示擊碎連環就能「解開」連環，後一故事表示指出連環不可解就是「解開」了連環之謎。雖然沒有進一步的資料能揭示這兩種詮釋哪一種較符合惠施的原意，但至少「連環可解也」一句的意思是明確的，那就是要表達「相連之環表面看來是不可解開的，其實亦有其解開之法」。既然「連環可解」一句具有完整意義，我們便不宜以其為「單辭」而判定它是提示語而不能作獨立一句解了。

至於第二點，以「圓圈之洞見」來判定「連環可解」是一提示語，理由亦不充分。牟先生說：「此若直線思考，則『無窮而有窮』，自是矛盾。但若視宇宙為圓球，曲線思考之，則不矛盾，故曰：『連環可解也』。向南直走，隨圓形而又轉回來，故無窮而有窮，

此顯然有一種圓圈之洞見。」[12]以「向南直走，隨圓形而又轉回來，故無窮而有窮」來解釋「南方無窮而有窮」，文意雖通，但以當時的科學知識而言，是否以宇宙為圓球則成疑問。

　　馮友蘭先生有另一種看法，他認為「南方無窮」是戰國時期的人常說的話，在當時，一般人都認為南方是無窮的。因為中國東面有海，西有沙漠，北面有大山，只有南方各國如楚、越等向南面擴展，一直沒有達到止境，好像是無窮的。但隨著地理知識的進步，到戰國中葉，惠施的時候，人們已經意識到南方也有海。《尚書·禹貢》就說：「導弱水，入於南海」。根據這種背景脈絡，惠施以「無窮」和「有窮」相對比，用以說明知識是經常變動的。[13]就此而言，馮友蘭先生的解釋與當時一般人的科學知識似乎比較配合。

　　相比起來，牟先生所說的「圓圈的洞見」則純粹是一種臆測，這種臆測在「南方無窮而有窮」一句，也許還可符合文句的意思，但要解釋「今日適越而昔來」一句，就產生了很大的困難。牟先生這樣說：「如果我們默想時空合一，想眼前適越之時與地，再隨圓形轉回來而至越處，想所至之越原有之時與地，則似乎亦可說『今日適越而昔至』，因為越原在那裡，已有其空間與時間，是以當吾至越之時，或今日適越之時，亦可說即是昔至也。但實則並不可如此說，因為我默想客觀圓形宇宙本身的時空(或越本身的時空)，是一回事，而我之『自今日起開始適越』之實際行動，又是一回事：此兩者並不可混。我想當惠施說此句時，心中似有一矇矓之直覺，認為時間方面亦如空間方面，亦是連環可解。但實則並不如此。其所以認為連環可解者，是因不自覺中有一種混擾之移置：移時作

空……」[14]他把「今日適越而昔來」解釋為「在圓形宇宙的時空中行動」，顯得牽強；至於要我們假定惠施有一種錯誤的直覺，亦沒有什麼理據。看來「圓圈之洞見」未見得是「南方無窮而有窮」和「今日適越而昔來」兩句的共通點，而「連環可解」也不須作提示語來解釋。

其實「南方無窮而有窮」、「今日適越而昔來」和「連環可解也」這三句皆有其獨立的意義，毋須勉強合併。在這三句中，「連環可解也」一句在上面已據《戰國策》和《呂氏春秋》作了解釋。至於「南方無窮而有窮」一句則可將之解作：當我們說到南方時，有時指特定的某地，有時指南的方向。特定的南方某地是有窮的，但順著南的方向一直去，則無有盡頭。而「今日適越而昔來」一句亦可將之解作：到了越地之後，我們可以對人說：「我今天抵越。」但也可以對人說：「我剛才(在此刻之前)已來到越地了。」

（7）　第九個命題是「我知天下之中央，燕之北、越之南是也。」對這一句的詮釋，學者之間沒有大的分歧。燕是北國，燕之北自是北陲。越是南國，越之南當是南陲。中原的人以自己所處之地為天下之中央，但其實在「至大無外」的空間之中，任何一點都可以設定為天下之中央。

（8）　學者一般認為「氾愛萬物，天地一體也」是「歷物之意」的總結。周山先生則獨排眾議，他說：「不少學者都認這個命題乃是『歷物十事』的總結論。其實不然，它只是前一命題『連環可解也』的進一步推廣。世間萬物，如同連環中的各個圓圈一樣，雖然各自有著獨立性，但相互之間也都存在著千絲萬縷的割不斷的

---

[14] 牟宗三[1994]，第 20 頁。

聯繫。」[15]周先生的論點並沒有什麼根據。從「連環可解也」怎能「推廣」到斷言「世間萬物，如同連環……」呢？再者，若能作此推廣，我們也能從其他命題出發，「推廣」到第十命題，有什麼理由斷定第十命題「只是」第九命題的推廣呢？將第十命題視爲「歷物之意」的總結，這觀點應站得住。因爲前九個命題大體上可理解爲要揭示大小、高低、生死(成毀)、同異、今昔、中央邊陲、可解不可解等等差異的相對性。總括言之就是萬物的差別都不是絕對不移的。必須如此，「泯除差別」的觀點才可能有實質意義，在此觀點下，自然是「天地一體」的，而「氾愛萬物」的人生態度也就有其形而上的根據了。

四、對歷物十事的評估

上文在多種可能的詮釋當中決定採取哪種詮釋時，主要以「同情理解原則」——並輔以「脈絡辨義原則」(廣義，包括歷史脈絡) ——爲據，那就是盡量對有關觀點給以合乎情理的詮釋，即假定有關觀點雖有可能犯「似是而非」的謬誤，但不大可能犯「明顯爲非」的錯誤。一旦採用了這個原則，就不會輕易把惠施的「十事」定性爲詭辯，不會像一些學者(例如許抗生先生)那樣斷言「這一命題(「今日適越而昔來」)是說：今日去越國，然而昨日就已到了。這明顯是一個詭辯命題。」[16]假如惠施的命題幼稚荒謬到這個程度，

---

[15] 周山[1988]，第 72 頁。
[16] 許抗生[1983]，第 50-57 頁。

他能「以此(十事)為大觀於天下,而曉辯者;天下之辯者,相與樂之」嗎?(《莊子·天下》)而在他逝世之後,莊子會嘆息說:「自夫子(惠施)之死也,吾無與言者矣」嗎?(《莊子·徐無鬼》)[17]

當然,以上述原則為據而對惠施的思想作出詮釋,這並不意味著不可對其思想加以批判。惠施引來「好治怪說,玩琦辭」、「蔽於辭,而不知實」、「以反人為實,而欲以勝人為名」等等許多的責難,主因之一,就是其所作的驚人之語。其「驚人」之處,有時是由於表面上的吊詭色彩(例如「南方無窮而有窮」);有時則是由於不折不扣的誤導性(例如「天與地卑,山與澤平」)。這種誤導性通常源於違反了「慣常用法原則」。比如依照有關用語的慣常用法,「天高地卑,山高澤低」是指在「一般」情況下如此,這是正確的,而「天與地卑,山與澤平」之說則不正確。為了使得後一說法成立,惠施就惟有扭曲用語的慣常用法,將之解釋為在「某些」(而不是在「一般」)情況下天與地卑,山與澤平。其他如「日方中方晲,物方生方死」、「連環可解也」等論調,都可予以類似的分析,揭示出其誤導性乃由於扭曲了語言的慣常用法。比如「解連環」的慣常意思是「分開連環的各環節而無損毀」,在這個意思下,連環是不可解的。為了提出「連環可解」這種驚人之語,惠施就只好偷換掉「解連環」的慣常用法中的含義了。

問題是:「歷物十事」是否只有誤導性而沒有韋斯登姆所稱的啟發性(提醒人們注意一些雖屬已知但往往被忽略了的要點)呢?答案是:「歷物十事」也有一定的啟發性,它能提醒人們不要忽略了事物的相對關係,即是說世間的事物都在一種相對的關係網之中

---

[17] 牟宗三先生認為莊子的玄理思想是到惠施的影響,詳見牟宗三[1994],第 7-8 頁。

(大小、高低、生死(成毀)、同異、今昔等等都是相對的)。

　　比方說某物 a 為大，人們往往只會將「a 為大」當做一個簡單的主謂命題來看待，而忽略了那其實是一個簡化了的關係命題，即「a 相對於 b 而言為大」或「a 大於 b」。換言之，就是沒有意識到有許多「F a」這種形式的主謂命題，經過分析之後可顯示出原來是「F ＊ ab」這種形式的關係命題的簡略表述。如果轉取另一個觀點，即以另一個標準 c 作為衡量大小的參照系，在此標準下，a 可以被視為小，這時「a 小於 c」或「a 相對於 c 而言為小」就是真確的命題，而「F ＊ ac」(「a 大於 c」或「a 相對於 c 而言為大」)則是錯誤的命題。由於人們平時習慣把「F ＊ ab」、「F ＊ ac」等形式的命題都一律簡化為「Fa」的形式，因此我們既「可以」斷言 F a 為真，這時其實意涵

　　　　　F a ≡ F ＊ ab

　　同時也「可以」斷言 F a 為假，這時其實意涵

　　　　　F a ≡ F ＊ ac

以上那種「兩可」的思辯方式[18]，正是惠施「歷物十事」所蘊涵的「樸素邏輯觀念」所在。＊

---

[18] 早期辯者鄧析即以「兩可之說」而著稱。

＊ 本章原屬作者[1996b]，現經修訂。

第 8 章　論公孫龍的〈白馬論〉

　　《公孫龍子》在《漢書・藝文志》列名家，錄有十四篇，今本《公孫龍子》則只有六篇。龐樸先生認爲「《漢志》所載篇數，許多地方是糊塗賬，往往分數與總數不符。」[1]龐先生並考證推斷：「今《公孫龍子》正是古《公孫龍子》……我們不必因《漢志》的『十四篇而懷疑這六篇』。」[2]

　　今本《公孫龍子》六篇，含有相當豐富的名辯思想。學者周昌忠先生認爲公孫龍子的名辯思想構成了一種「思辯的分析哲學體系」[3]，其所用的方法相當於現代日常語言學派的語言分析法：「大致說來，公孫龍子是運用這種分析自然語言的日常用法的方法。」[4]但從下文的剖析可見，公孫龍的論辯跟現今的語言邏輯方析相比起來，還差了很大的一段距離。

　　在公孫龍的各個論辯之中，以「白馬論」最著名。他自己也說過：「龍之所以爲名者，乃以白馬之論爾。」(《公孫龍子・迹府》)[5]以下即集中分析公孫龍的〈白馬論〉。

---

[1] 龐樸[1979]，第 57 頁。
[2] 同上，第 70 頁。
[3] 周昌宗[1991]，第 1 頁。
[4] 同上，第 14 頁。
[5] 陳癸淼[1991]，第 4 頁。下引《公孫龍子》之內文，亦據此書，如有例外，即另註明。

一、 內涵與外延

(A) 「馬」、「白馬」的內涵

白馬論的論旨是「白馬非馬」，此一命題涉及了傳統邏輯之中一個非常重要的區分，那就是概念(名)的內涵與外延的區分。就「白馬」和「馬」這兩個概念來說，前者的內涵多於後者的內涵，前者的外延則小於後者的外延。「白馬非馬」這個說法，似顯示了公孫龍已認識到上述的邏輯關係。

公孫龍說：「馬者，所以命形也；白者，所以命色也。命色者，非命形也。故曰：白馬非馬。」（《公孫龍子·白馬論》，以下此篇只提篇名）又說：「白馬者，馬與白也。馬與白，馬也？[6]故曰：白馬非馬也。」（〈白馬論〉）

這個說法着眼於「馬」、「白」和「白馬」的內涵。「馬」的內涵指馬的形體屬性，「白」的內涵指某種顏色屬性。依此，「白馬」的內涵就兼指具有該種形體和該種顏色的屬性，這顯然有異於單指具有該種形體的屬性，即有異於「馬」的內涵。因而公孫龍下結論說：「故曰白馬非馬」。

從公孫龍這個立論出發，所得到的一個邏輯歸結就是：既然白馬非馬，那麼白馬亦非白。換言之，「白馬」的內涵不但有異於「馬」的內涵，且亦有異於「白」的內涵，所以公孫龍說：「白者，不定所白，忘之而可也。白馬者，言白，定所白

---

6 「馬與白，馬也？」一句，各家注本多作「馬與白馬也」，不合脈絡文意，陳癸森先生認為此句應補一「異」字，作「馬與白馬異也」。不過若擄龐樸先生改作「馬與白，馬也？」則毋須增補字句；參見龐樸[1979]，第 14 頁。

也。定所白者，非白也。」(〈白馬論〉) 這就是說，白馬、白沙、白石……都有「白」的屬性，「白」這種屬性不必固定在某某特定的東西上，所以是「不定所白」(實際上我們只會接觸到具體的白色之物，而不會接觸到「不定所白」，故曰「忘之而可也」)。

另一方面，「白馬」這個概念則是指「白」的屬性固定於其上的某種東西，即白馬，所以可稱爲「定所白」者。由於「定所白」並非「不定所白」，而單獨的「白」就是「不定所白」，因此公孫龍說：「定所白者，非白也。」由此可以推論：白馬亦非白。

(B) 「馬」、「白馬」的外延

〈白馬論〉又有言曰：「求馬，黃黑馬皆可致；求白馬，黃黑馬不可致……黃黑馬一也，而可以應有馬，而不可以應有白馬，是白馬之非馬審矣。」又曰：「馬者，無去取於色，故黃黑馬皆所以應。白馬者，有去取於色，黃黑馬皆所以去，故惟白馬獨可以應耳。無去者，非有去也。故曰：白馬非馬。」

這兩段文字着眼於「馬」和「白馬」的外延。當人們求取馬時，黃黑馬都可以應選(白馬當然也可以應選)，但是當人們求取白馬時，黃黑馬卻不可以應選(而只有白馬可以應選)。這是因爲「馬」的外延包括了一切馬，換言之「馬」的外延就是馬之類，亦即所有個別的馬所組成的集合；但「白馬」的外延則只包括白馬，而不包括黃馬、黑馬……也就是說，「白馬」的外延乃是白馬之類，亦即所有個別的白馬所組成的集合。

　　詳言之,「馬」這個名對於顏色無所取捨(無去取於色),因而黃黑馬都可以應選。但「白馬」則有去取於色,即對於顏色有所取捨(要求為白色,同時排斥其他顏色),因而黃黑馬都不能滿足此要求,只有白馬可以應選。對於顏色無所取捨,跟對於顏色有所取捨,是不同的,所以公孫龍斷言:白馬非馬。

　　總括上述「白馬」和「馬」的內涵和外延之間的關係,可以藉着范氏圖解(Venn diagram)來表述:

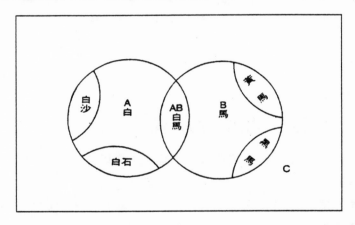

長方格表示論域,C指一切既非白亦非馬的事物,例如黑石。A代表白物的集合,B代表馬之集合,AB代表白馬的集合。依此,公孫龍所言「馬者,所以命形也;白者,所以命色也」、「白馬者,馬與白也」、「馬者,無去取於色……白馬者,有去取於色」、「求馬,黃黑馬皆可致;求白馬,黃黑馬皆不可致」……這些說法的意義都可以透過以上的范氏圖解而一目了然。由於「白馬」和「馬」無論在內涵還是在外延方面都有差別,如上圖所示,因此可以論斷:「白馬」這概念異於「馬」這個概念。用

公孫龍的話來說就是：白馬非馬。

二、從辯證法到分析方法

公孫龍這種「白馬非馬」之論，一向以來引起了很多爭議。有些學者試圖用唯物辯證法去批判〈白馬論〉，馮友蘭先生是其中一個代表。在其《中國哲學史新編試稿》之中，馮先生說：「公孫龍的確看到了一個命題中主語和述語的矛盾對立的方面，看到了一般和個別的差別……但是他僅僅停留在這一點上，並且把這一點片面地誇大，因而否認了一般和個別的統一的方面，相互聯繫的方面。」[7]

不過也有些學者在這個問題上持異議，例如周山先生在其《中國邏輯史論》裏說：「有人批判『白馬非馬』命題時，說公孫龍割裂了個別與一般之間的聯繫，因而是形而上學的詭辯。其實，公孫龍並沒有割裂個別與一般之間的聯繫，他對於具體與抽象、個別與一般之間的聯繫是有所認識的，對於個別中存在一般，一般存在於個別之中的辯證關係是有所分析的。」[8]

周山的反調與馮友蘭的論調都在同一個理論層面上，雙方同樣使用了馬列的概念框架。但由於這種概念框架太過空泛含糊，因而根本不能用作有效的批評架構。例如馮友蘭和周山等人都把白馬視爲「個別」，把馬視爲「一般」。但這種區分是沒

---

[7] 馮友蘭[1989]，第 362 頁。
[8] 周山[1988]，第 7 頁。

有定準的，因為就具體的對象來說，這隻那隻白馬固然是「個別」，但這隻那隻馬也一樣是「個別」的；另一方面，就抽象的類來說，馬的類固然是「一般」，但白馬的類也同樣是「一般」的。現在撇開馬列的框架不論，以下試用邏輯分析的概念和技巧去論定公孫龍〈白馬論〉的得失。

〈白馬論〉之所以引起那麼大的爭議，主要原因在於其表達方式有誤導性。這種誤導性並不是由於今人不了解公孫龍當時的用語習慣產生的，因為公孫龍一提出〈白馬論〉之後，當時便即引起了很大的論爭，比如孔子的後人孔穿就不同意「白馬非馬」這個命題(見《公孫龍子·迹府》)。倘若依據當時的語言用法，「白馬非馬」只是一個明顯為真的常識命題，那就不會引起什麼爭論了。

其實「白馬是馬」(白馬，馬也)和「白馬非馬」是可以有多種不同的語意詮釋的。一旦將其中不同的語意詮釋分析清楚之後，白馬論的誤導性便可清楚暴露出來，同時因這種誤導性而引起的爭論也就可以一掃而空了。今試分析如下。

三、對「白馬非馬」的邏輯分析

(A) 類與分子的隸屬關係

「白馬是馬」和「白馬非馬」分別具有「α是β」和「α非β」的形式。「α是β」的一個意思是：α是β的一個分子，而與此相應的「α非β」的意思則是：α不是β的一個分子。例如「孔子是人」和「孔子非馬」的意思就是指「孔子是人類

的一個分子」和「孔子不是馬類的一個分子」。在此語意詮釋下，α是個體(例如孔子)，β是類(例如人類、馬類)。以「t」、「t₁」、「t₂」……表示個體，以「A」、「B」、「C」……表示類，而「α是β」和「α非β」在上述詮釋下則可順次分析爲：

$$t \in A \text{ 和 } t \notin A \; 【即 \sim (t \in A)】$$

其中「A」爲類名，「t」則是指謂個體的單稱詞項(singular term)。單稱詞項相應於日常語言中的專名(proper name)或確定描述詞(definite description)。由於「白馬」並非指謂個體的單稱詞項，也就是說，由於「白馬」既非專名亦非確定描述詞(「這隻白馬」是確定描述詞，「白馬」則否)，而是一個類名，因此，「白馬是馬」和「白馬非馬」就不能順次分析爲：

$$t \in A \text{ 和 } t \notin A$$

否則便犯了「範疇錯誤」，因爲混淆了類名和單稱詞項這兩種屬於不同邏輯類型的概念或用語。

　　總括以上所言，藉着邏輯分析，可以清楚展示「白馬是馬」不能了解爲「白馬是馬類的分子」，因而「白馬非馬」也就不能了解爲「白馬不是馬類的分子」了。

(B) 類與類的包含關係

　　但是，「α是β」和「α非β」是可以有另一種語意詮釋

的，那就是：「α是β」被詮釋爲「α是β的一個子類
(subclass)」，而「α非β」則被詮釋爲「α不是β的一個子
類」。例如「香港人是人」和「香港人非馬」的意思是指「香
港人這個類是人類的一個子類」和「香港人這個類不是馬類的
一個子類」。在此詮釋下，α是類(例如香港人這個類)，β也
是類(例如人類、馬類)，而「α是β」和「α非β」則斷言某
個類是 / 不是另一個類的一個子類。以「A」、「B」、「C」……
表類名，那麼「α是β」和「α非β」在目前這種語意詮釋下
便可順次分析爲：

$$A \subset B \text{ 和 } \sim (A \subset B)$$

由於以上的第一個表式「A⊂B」可進一步分析爲：

(i) 　∀x[x∈A→x∈B]

因而第二個表式「~(A⊂B)」就可以相應地分析爲：

(ii) ~ ∀x[x∈A→x∈B]

通過數理邏輯的簡單推算，[依據 ~∀xΦ ≡ ∃ x~Φ 及~
(p→q)≡(p∧~ q)]，(ii) 可以等值地轉換爲下式：

(iii) 　∃x [x∈A∧x∉B]

分析到這一步，可清楚看出，如果將「白馬非馬」詮釋爲

「~（A⊂B）」，就等於將「白馬非馬」了解為具有(iii) 的邏輯結構，那麼「白馬非馬」就不能成立，因為在此詮釋下，「白馬非馬」等於斷言「至少存在這樣的一個東西 x：x 是白馬，但 x 不是馬 」，然而這個斷言明顯錯誤，因為按照「白馬」的定義——公孫龍自己也給出了這樣的定義：「白馬者，馬與白也」——則白馬的類等同於下述的集合(其中「W」表示「白」，「H」表示「馬」)：

$$\{y: Wy \wedge Hy\}$$

依此，「至少存在這樣的一個東西 x：x 是白馬，但 x 不是馬」就等於說：

(iv) $\exists x[x \in \{y: Wy \wedge Hy\} \wedge x \notin \{y: Hy\}]$

但(iv)含有邏輯矛盾，因為這個公式等值於：

(v) $\exists x[(Wx \wedge Hx) \wedge (\sim Hx)]$

而(v)顯然是自相矛盾的：它斷言有一個東西同時是馬又不是馬($Hx \wedge \sim Hx$)。

基於以上步步的分析，可以看出白馬論若要成立的話，就既不能詮釋為「α 不是 β 的一個分子」(因為在此詮釋下 α 必須是某單一的個體，但「白馬」指謂一個類，而非某單一的個體)，又不能詮釋為「α 不是 β 的一個子類」(因為在此詮釋下

「白馬非馬」涵有自相矛盾)。這麼一來，如果說白馬論可以成立的話，那是在什麼意義上可以成立呢？以下試提出解答。

（C） 同一性的關係

　　「α是β」和「α非β」這種形式的陳述，還有第三個可能的語意詮釋，那就是「α與β是同一的」和「α與β不是同一的」。例如「孔子是孔丘」的意思是「孔子與孔丘是同一的」，而「孔子非耶穌」的意思則是「孔子與耶穌不是同一的」。依這種詮釋，「α是β」和「α非β」在標準邏輯中的表述為：「α＝β」和「α≠β」，其中的「α」和「β」可以指具體元目(比如具體的個人)，也可以指抽象的元目(比如概念、類或集合等)。

　　在此詮釋下，「白馬是馬」和「白馬非馬」的意思就是「白馬＝馬」和「白馬≠馬」，其中「白馬」和「馬」可以順序了解為(1)指稱白馬的類和馬的類，也可以順序了解為(2)指稱「白馬」的概念和「馬」的概念。於是「白馬=馬」(或「白馬≠馬」)的意思就是：

(1)　　　　白馬的類和馬的類是(不是)同一的；

　　　　　　　　　　　或

(2)　　　　「白馬」的概念和「馬」的概念是(不是)同一的。

　　根據萊布尼茲定律(Leibniz' law，較恰當的名稱應是「萊布尼茲同一性公理」)：α和β是同一的，當且僅當，任何條

件若爲 α 所滿足，則亦爲 β 所滿足，反之亦然。這就是說：

$$\alpha = \beta \equiv \forall \Psi [\Psi \alpha \equiv \Psi \beta]$$

由於白馬的類和馬的類所滿足的條件有所不同(如前所述，因爲兩者的外延不同)，因此白馬的類和馬的類不是一同的。同理，由於「白馬」的概念和「馬」的概念所滿足的條件也有所不同(如前所述，因爲兩者的內涵不同)，因此「白馬」的概念和「馬」的概念也不是同一的。

既然如此，一旦以「 $\alpha = \beta$ 」和「 $\alpha \neq \beta$ 」的去詮釋「白馬是馬」和「白馬非馬」，無論其中的「白馬」和「馬」被了解爲指稱類還是概念，「白馬是馬」都是明顯錯誤的命題，或甚至是矛盾命題，而「白馬非馬」則是明顯正確的命題，或甚至是重言命題(廣義，即分析語句)。這個重言命題就是(至少是後者)：「白馬的類和馬的類不是同一個類」或「『白馬』的概念和『馬』的概念不是同一個概念。」

四、白馬論的誤導性

問題是，在此詮釋下，公孫龍的「白馬非馬」其實只是一個明顯爲真的重言命題吧了，然則爲什麼會引起那麼多熱烈的爭辯呢？這個問題可以通過「慣常用法原則」去疏解。

按照語言的慣常用法，「白馬是馬」的意思等於說：所有是白馬的東西都是馬，換言之，任何東西 x 若是白馬，則 x 是

馬——

(a)　　$\forall x[(Wx \wedge Hx) \rightarrow Hx]$

由於「白馬非馬」是「白馬是馬」的否定，因而「白馬非馬」
等於說：並非所有是白馬的東西都是馬。這是(i)的否定，而
(i)的否定等值於「至少有這樣的一個東西 x：x 是白的，並且
x 是馬，並且 x 不是馬」——

(b)　　$\exists x[(Wx \wedge Hx) \wedge \sim Hx]$

　　以上的(a)是重言命題，涵「$Hx \rightarrow Hx$」；(b)卻是矛盾命題，
涵「$Hx \wedge \sim Hx$」。這個結果顯示，按照語言的慣常用法，「白馬
是馬」是重言命題，是必然為真的，而「白馬非馬」則是矛盾
命題，是必然為假的。只有當我們(比方說)以「$\alpha = \beta$」和「$\alpha
\neq \beta$」去詮釋「白馬是馬」和「白馬非馬」時，「白馬非馬」才
是真的，且是必然為真的重言命題，而「白馬是馬」則是假的，
且是必然為假的矛盾命題。但其實這不過是扭曲了「白馬是馬」
和「白馬非馬」的慣常用法吧了。因為，在日常語言中，當人
們說「白馬是馬」的時候，其意思明顯不是要說「白馬的類(或
概念)和馬的類(或概念)是同一的」。依此，「白馬是馬」的否
定命題，即「白馬非馬」，其意思也就顯然不是「白馬的類(或
概念)和馬的類(或概念)不是同一的」了。
　　以上的分析不但在現代漢語中可以成立，而且對於公孫龍
那時的古代漢語也一樣可以成立。如果在公孫龍的時代，「白

馬非馬」的意思無非是「白馬的類和馬的類不是同一個類」（或「『白馬』的概念和『馬』的概念不是同一個概念」），那麼白馬論就只不過斷言了一個明顯為真的、任何人都不會反對的重言命題吧了。這麼一來，白馬論何以會引起那麼大的爭論就難以理解了。比如孔穿為什麼要駁斥公孫龍，就成為無法解釋的事了。由此可見，「白馬非馬」之說，在當時就已經是一個違反了語言慣常用法的論調，因而引起了廣泛的注意，而公孫龍亦因此聲名大噪。

但正是由於白馬論違反了語言的慣常用法，這個論調是有誤導性的，因為人們一般都會根據慣常用法去了解語言，而且有理由這麼做，否則人際溝通便不可能。並不是說「慣常用法是神聖的，不可更改的」。「慣常用法原則」也沒有蘊涵這個論斷。不過若要改變語言的慣常用法的話，應有溝通上的需要才那樣做；不然的話，在溝通時就會產生「天下大亂」的局面。

問題是，公孫龍用「白馬非馬」來表達「白馬的類(或概念，下同)和馬的類不是同一的」這個意思，有此需要嗎？是逼不得已的嗎？他那個時代的漢語沒有「類」這個概念嗎？答案是否定的。「凡同類者舉相似也」（《孟子·告子上》）、「以類度類」（《荀子·非相》）、「義不殺少而殺眾，不可謂知類」（《墨子·公輸》）……凡此都可以證明公孫龍時代的漢語已有「類」的概念。因此，公孫龍本來大可以直截明了地說：「白馬之類，非馬之類也」。但他並不這樣說，卻提出了「白馬非馬」的驚人之句。這種說法雖有「語不驚人死不休」的效果，而公孫龍也因此聲名大噪，但這並不能影響以上經過邏輯分析而顯示出來的事實，那就是：白馬論有很大的誤導成分。

　　（至於白馬論提示了內涵與外延的區分，這究竟有多大啓發性，則要視乎當時對此區分已有哪種程度的認識而定。如果當時大家本已意識到此區分，公孫龍只不過用驚人之語來重述一遍，那麼白馬論便沒有多大的啓發性了。）*

*本章原屬作者[1996a]，現經修訂。·

第 9 章　析「辯者二十一事」

　　中國古代辯者除了鄧析、惠施和公孫龍以外，還有《莊子·天下篇》提及的無名辯者[1]。這些辯者提出了一些論題，學者一般稱之為「辯者二十一事」[2]。這「二十一事」全是一些結論，其前提已無法追查。

　　歷來學者對「二十一事」提出了各式各樣的解說，尤其民國以來，在西方哲學思想的影響下，新觀點層出不窮。其中胡適的解說開了比較分類的先河，馮友蘭「合同異／離堅白」的解說影響頗大，而邏輯家沈有鼎以悖論作解說則觀點獨特。以下運用語言邏輯分析的方法，分析胡適、馮友蘭及沈有鼎三位先生對辯者二十一事的詮釋，同時給辯者的思想作出批判性的評估。

一、　論題的數目

　　在正式分析前，先要討論一個基本問題，那就是辯者論題的數目。學者間對辯者之言到底表達了多少個完整的論題，存有不同的意見。有些認為是二十，有些認為是二十一，也有些認為是二十

---

[1] 與公孫龍同時代的辯者，除桓團外，還有毛公、綦母子、兒說、田巴、孔穿和魏牟等，詳見郭湛波[1932]，第 157-164 頁。

[2] 本章題目中的「辯者二十一事」，乃隨一般習慣，並非表示贊同將辯者之言分成

二。以下試分析其中的差異。

(A) 二十一事／二十二事

王先謙的《莊子集解·天下篇》說:「卵有毛。雞三足。郢有天下。犬可以為羊。馬有卵。丁子有尾。火不熱。山出口。輪不蹍地。目不見。指不至。物不絕。[3]龜長於蛇。矩不方。規不可以為圓。鑿不圍枘。飛鳥之景。未嘗動也。鏃矢之疾。而若不行不止之時。狗非犬。黃馬驪牛三。白狗黑。孤駒未嘗有母。一尺之捶。日取其半。萬世不竭。辯者以此與惠施相應。終身無窮。」[4]

王先謙在解說時,將「指不至。至不絕」、「飛鳥之景。未嘗動也」、「鏃矢之疾。而若不行不止之時」和「一尺之捶。日取其半。萬世不竭」這九句分成四事來解釋,其餘十八句則每句獨立解說,那就共有二十二條辯者的論題了。不過僅從解說時的分句,並不足以斷定王先謙有意把辯者之言分成二十二事。但另有學者明確地主張把辯者的論題定為二十二事來分析的,那就是沈有鼎先生。

沈有鼎與王先謙的分句方式一樣,其中的特點是將「矩不方」和「規不可以為圓」分成兩條來解釋[5]。不過沈有鼎與王先謙又有

二十一事。

[3] 「物不絕」一句原文作「至不絕」。若按王先謙,此句當為「耳不絕」之誤。王先謙謂:「至字疑耳之誤。數語皆就人身言。耳雖有絕響之時,然天下古今究無不傳之事物,是不絕也。至字緣上而誤,遂不可通矣。」見王先謙[1967],第223頁。但馮友蘭據《列子·仲尼篇》引公孫龍云:「有指不至,有物不絕。」並將此句改為「物不絕」,似更合理。見馮友蘭[1988],第207頁。

[4] 此處的先後次序及斷句方法俱參考王先謙的版本,其他版本或稍有不同,詳參王先謙[1967],第223-224頁。

[5] 見沈有鼎[1992],第202-210頁。

不同。王先謙引宣穎的話來注解這兩條。宣穎云：「天下自有方非以矩。」又云：「天下自有圓非以規。」可見王先謙雖將兩條分開注釋，但解釋的理由還是相同的。而沈有鼎不但認為兩條須分開解釋，解釋的理由也不相同。

沈有鼎對「矩不方」一條的解說是：「它(矩)是一切直角的標準，因此沒有一個角可以說是直角，除非它通過了矩的測定。為了能說矩本身是方的，就必須用另一個矩來量，如此進行，ad infinitum(以至無窮)。但是這顯然是不可能的。所以矩不方。」而對「規不可以為圓」一條的解說則是：「圓早已存在於空間中那個地方，圓規不過把它畫出來。」[6]

沈有鼎以無窮後退來解釋「矩不方」，以圓的理型先在於規來解釋「規不可以為圓」，可見他對這兩條的解釋，完全不同。不管其解釋是否合乎辯者原意，他主張把兩條分開以不同的理由來解釋，那是很獨特的看法。

大多數的學者，包括胡適、馮友蘭、錢穆、郭湛波、牟宗三、周雲之、陳孟麟以及牟鍾鑒等，都將辯者的論題定為二十一事[7]，特點是將「矩不方。規不可以為圓」兩句合為一條來解釋。其實，將「矩不方。規不可以為圓」兩句合為一條來解釋，其來有自。《釋文》引司馬彪的解釋時就說：「矩雖為方而非方，規雖為圓而非圓，譬繩為直而非直也。」這已是將兩句看成義理相同。

雖然許多學者都將「矩不方。規不可以為圓」兩句合為一事來解，但從字面意義上看，辯者說的是：「矩不方。規不可以為圓」，

---

[6] 同上，第209-210頁。

[7] 參見胡適[1983]；馮友蘭[1991]；錢穆[1931]；郭湛波[1932]；牟宗三[1994]；周雲之[1993a]；陳孟麟[1998] 以及牟鍾鑒[1983]。

而不是說：「矩不方。規不圓」。換言之，辯者論斷的是「規不可以畫出圓形」，而不是「規不是圓形」[8]；就像論斷「神仙不可以製造人」而非論斷「神仙不是人」一樣，兩者差異甚大。

楊俊光認為這兩句出現句式上的不同，只是辯者「有意運用一種避免文字單調、平板的修辭方式」[9]。不過若論修辭方式，我們看到辯者的表達方式都是言簡意賅，不重修飾的。「指不至。至不絕」這種簡潔有力的句式就是典型的例子。此外，考慮到「犬可以為羊」一句中「可以為」這片語的使用，在句中所起的並非只是修辭的作用，我們便有理由相信，辯者說「矩不方。規不可以為圓」是要表達出兩種不同的意義的。一直以來，論者不顧兩者的差異，將「矩不方」和「規不可以為圓」兩句合為一事來解，理由並不充分。

(B) 二十事

在二十一事、二十二事以外，楊俊光先生主張二十事的分法。他認為「卵有毛」和「雞三足」兩句當合為一事解釋(其他則與二十一事的分法相同)，並認為「雞三足」一句應作「雞無足」解。

楊俊光說：「其實，這個『三』字，當是『無』字之誤。《呂氏春秋·察傳篇》記載：子夏去晉國途中經過衛國，碰到一個人在讀史記，所讀書的『己亥』已誤成了『三豕』。這是『己』誤成『三』之例。『無』字與『己』、『三』亦相似，因而也可能誤成『三』字。

---

[8] 在「規不可以為圓」一句中，「為」字亦可解作「謂」，即稱為的意思。即使取此種解法，上文的論點仍然成立。換言之，不管將此句解作「規不可以叫做圓形」還是「規不可以畫出圓形」，這句的意思與「規不是圓形」仍有分別。

『雞無足』，也就是同一事物（有足的雞）自身包含著差異（無足的因素）或不同事物（雞和卵）具有同一性的意思。『卵有毛』與『雞無足』，雖然是分別就著卵和雞兩邊說的，但於表示卵和雞的同一性則並無差異。」[10]

的確，不少古籍因傳寫日久，訛誤滋多，學者參稽訓詁，有時或會對某字某句作出刪改。然而，所改所刪者往往乃不刪則冗誤、不改則不通不明者。但依公孫龍在〈通變論〉所說：「謂雞足一，數足二，二而一故三」，這正好是「雞三足」一句的解釋。楊俊光不滿此解，寧願援引「己亥」曾誤成「三豕」一事，再臆測「無」字與「三」字相似，而將「雞三足」這句廣為學者接受的版本，改為「雞無足」，以關連起前一句「卵有毛」來解釋，理由頗見牽強。而且若依此解，則「黃馬驪牛三」一句亦當改為「黃馬驪牛無」。但楊俊光既未以同樣的理由作出刪改，又未解釋不須刪改的理由，此雙重標準殊不合理。

以上論述了學者對辯者論題數目的不同看法，以下逐一分析評估胡適、馮友蘭和沈有鼎三家對辯者二十一事的詮釋。

二、評胡適的詮釋

胡適先生在《先秦名學史》中，以西方哲學的觀念對辯者的思想進行分類[11]。

---

[9] 楊俊光[1992]，第 259 頁。
[10] 同上，第 253 頁。
[11]《先秦名學史》是胡適於 1917 年在美國哥倫比亞大學的博士論文，1922 年由上

他將辯者二十一事全部視爲公孫龍的觀點，並將之分成四類：1.關於時間和空間無限性的學說，2.關於潛在性和現實性的學說，3.個性原理，4.知識論[12]。須注意的是，胡適並沒有將「郢有天下」、「山出口」以及「鑿不圍枘」這三條歸入任何一個類別來考慮，那究竟是由於這三條的意思不明而無法歸類，還是另有原因(比如由於這三條難以納入他的架構之中)，胡適並無解釋[13]。現在單就他所作的分類剖析如下。

(A) 潛在性和現實性的學說

按照胡適的區分，「卵有毛」、「犬可以爲羊」、「馬有卵」、「蛙有尾」、「白狗黑」和「龜長於蛇」等六條，都屬於第二類，即「潛在性和現實性的學說」。他的解釋是：「在公元前三世紀的上半葉，生物進化論已經存在了。其大意認爲，所有生物產生於一切種類所共同的某些基本胚胎。按照這種學說，許多反論不再是不可思議的了……因此，我們可以說『卵有毛』。因爲那時的思想家已認識到貫串於生物界演變階段的有機連續性。即從胚胎開端，以人告終，因此說 『犬可以爲羊』；『蛙有尾』；『馬有卵』；『白狗黑』；或『龜

海亞東圖書館出版，本書引文據上海學林出版社 1983 年版。

[12] 胡適[1983]，第 102-103 頁。胡適自言爲便利起見而將辯者之言全部看成是公孫龍的觀點。此外，胡適視惠施、公孫龍爲別墨學派的代表人物，學者不表贊同者多有，詳參楊俊光[1996]，第 108-109 頁。

[13] 胡適在《中國哲學史大綱》的分類與《先秦名學史》的分類已有不同。他在《中國哲學史大綱》說：「我且把這二十一事分爲四組。每組論一個大問題。第一論空間時間一切區別都非實有。第二論一切同異都非絕對的。第三論知識。第四論名。」參見胡適[1987]，第 239 頁。其中只有「山出口」一條因意義未詳故未歸類。

長於蛇』都是十分有理由的。」[14]

胡適認爲上述六條辯者之言是根據生物進化論而立論的，他將這一類統稱爲「關於潛在性和現實性的學說」。根據進化論的觀念，複雜的生物乃由簡單的生物進化而來，因此馬雖然是哺乳類動物，但可以由卵生的生物進化而來，所以胡適認爲「馬有卵」是十分有理由的。

胡適斷言在公元前三世紀的上半葉，生物進化論已經存在。他的想法是否屬實，尚待証明。若依「有一分証據說一分話」的原則，我們根本不能作此斷言。不過，即使假定辯者已有進化論的觀念，但何以「白狗黑」一句也可以根據進化觀念來解釋呢？

試同情地理解，辯者的進化觀念包括了突變(mutation)，因此白狗「突變」爲黑狗是可能的。然而，我們若依此解釋，則本屬第四類的「雞三足」一條是否也可解作「雞二足突變(或進化)爲雞三足」，於是也將這條歸入第二類呢？此外，「犬可以爲羊」一條又如何以進化論來解釋？同是哺乳類動物的犬和羊，怎樣由犬「進化」爲羊呢？若因句中包含了「犬」、「羊」等生物語詞就將之解作與生物進化的學說有關，那恐怕是胡亂比附而已。

（B）個性原理

胡適將「狗非犬」、「黃馬驪牛三」和「矩不方。規不可以爲圓」這三條歸入第三類，即個性原理。

關於「狗非犬」一條，胡適說：「公孫龍提出第十七事，即『狗

---

[14] 胡適[1983]，第 105 頁。

非犬』。這樣，公孫龍就脫離了別墨的形式理論，以並非從形式與內容的區別，而是從形與色的區別出發的學說取而代之。『白馬』不是『馬』，因為『馬』指形體，而『白』指顏色。而指形體的東西與指顏色的是不同的。」[15]

關於「矩不方。規不可以為圓」，胡適說：「公孫龍現又提出，規不可以為圓，木工的角尺不能充當方形。也就是說，木工的角尺以及圓規只能提供一般的『形』，但不能造成個別的方和圓。每一個別的方或圓有其『兩重性』，或個性。這種個性只包含在個別事物本身。」[16]

至於「黃馬驪牛三」一條，胡適認為由於形容詞「驪」有個「馬」字偏旁，所以當中的「牛」字可能是「馬」字的訛誤。換言之，「黃馬驪牛三」一條應作「黃馬驪馬三」。他說：「如果是這樣，正如『白』與『堅』成為二一樣，這個反論就意味著『馬』加『黃』、加『黑』成為三。在這幾種情況下，色就這樣構成個性的原理。」[17]

從以上三條的解說來看，所謂個性原理，其標準並不清晰。大概而言，有時候可以指事物的顏色，有時候可以指事物的形體。但怎樣運用所謂的「個性原理」來解釋辯者之言呢？按照胡適對「狗非犬」一條的解釋，「馬」指形體，「白」指顏色，所以「白馬非馬」；依同理，「狗」與「犬」之中，一個概念指形體，一個概念指顏色，所以「狗非犬」。可是，以「馬」指形體，而「白」指顏色，那是符合我們對有關概念的一般理解的。但「狗」或「犬」這兩個概念，

---

[15] 同上，第 106 頁。
[16] 同上，第 107 頁。
[17] 同上。

哪一個可以用來指稱顏色呢？那是甚麼顏色？看來為了句型上的相似而將「白馬非馬」和「狗非犬」同樣以所謂「個性原理」來解釋，理由牽強。

　　再者，到底哪些辯者之言應當以個性原理來解釋呢？就以屬於第二類的「白狗黑」一條為例，「白」和「黑」同是顏色概念，應當屬於胡適所說的個性原理，然則我們可否將之解作白狗和黑狗同是有顏色的狗，所以「白狗黑」，然後把它劃入第三類呢？這個問題恐怕無法從標準不明的「個性原理」中得到解答。

（C）知識論問題

　　作為第四類的知識論問題，包括了「雞三足」、「火不熱」、「目不見」、「指不至。至不絕」和「孤駒未嘗有母」這五條。在這五條之中，胡適從名實關係來解釋「指不至。至不絕」和「孤駒未嘗有母」兩條[18]，而從心的作用來解釋「雞三足」、「火不熱」和「目不見」這三條。對「雞三足」、「火不熱」和「目不見」這三條的詮釋，胡適的推論出現了問題。

　　胡適說：「『雞三足』，似乎意味著身體的器官，如沒有某個指揮中心，即心，就不能起作用。司馬彪說：『雞雖兩足，備神方可移，故曰雞三足。』……沒有心神，則『目不見』。如果沒有具備領悟力的心神，則『火不熱』。沒有心創造性的能動性，分離的感

---

[18] 胡適說：「把『指』理解為『標志』或『事物的屬性』，第十一事就意味著，我們對於事物的通常認識，只是對其指的認識，而『不至』實在的事物，並且要達到『事物本身』的任何企圖，都是無限倒退的徒勞。」又說：「第二十事是關於名的個體性質的範例。它說：『孤駒未嘗有母』。 魏牟解釋道：『有母非孤犢也』。」見胡適[1983]，第109頁。

官知覺本身，不能使我們獲得有關事物的真知。」[19]

　　按文獻記載，「雞三足」和「目不見」兩條俱見於《公孫龍子》。〈通變論〉云：「謂雞足一，數雞足二，二而一，故三。」〈堅白論〉云：「白以目以火見，而火不見，則火與目不見，而神見，神不見而見離。」

　　由此看來，胡適以沒有心神的作用則目不能見來解「目不見」，那是頗近公孫龍之意的。但奇怪的是，胡適並沒有以公孫龍的意思來解「雞三足」一條，反而援引司馬彪的注釋，將這條解成沒有心神的作用，所以「雞三足」。但司馬彪的注釋本身是不知所云的。何以由雞二足，備神方可移，就推論出雞三足？心神與第三隻雞足有何關係？如果不能解釋兩者有何推論上的關係，那麼我們大可以這樣胡謅：「卵無毛，備神方可辨，故曰卵有毛。」或者「白狗不黑，備神方可辨，故曰白狗黑。」

　　不過，即使撇開由心神推論雞三足在邏輯上犯了「推論失效」這一點不論，這種分類仍然大有問題。依胡適的講法，由於沒有心神的作用而無法得到有關事實的真知，所以「火不熱」。按此推理，我們也可以說，由於沒有心神的作用，我們無法得到有關事實的真知，所以「輪不蹍地」，「飛鳥之影。未嘗動也」，「馬有卵」，「丁子有尾」，「龜長於蛇」，「鏃矢之疾。而若不行不止之時」，「卵有毛」，「白狗黑」，等等。不但如此，所有違反常識的辯者之言，都可以列入第四類，也就是全部二十一條辯者之言都可以歸入第四類了。但是這樣的詮釋只會失去分類的原意。

　　總結來說，胡適嘗試以西方哲學的觀念對辯者的思想進行分

---

[19] 同上，第 108 頁。

類，提出了不少「大膽假設」，但從以上的分析可見，他的詮釋要麼是胡亂比附，理由牽強，要麼是推論失效，要麼是標準含糊不清。

三、評馮友蘭的詮釋

馮友蘭先生在《中國哲學史》(下稱舊版)中提出了「合同異」和「離堅白」的分類，他認為二十一事顯現了惠施學派與公孫龍學派的對立。在二十一事中，既有就惠施的觀點而立論的，即「合同異」一派，亦有就公孫龍的觀點而立論的，即「離堅白」一派[20]。後來在《中國哲學史新編》(下稱新版)中，馮友蘭仍舊使用這個分類方法。以下試剖析此中的問題。

(A) 合同異

馮友蘭用以區分「合同異」與「離堅白」的理據有兩方面：一方面憑文獻的記載，另一方面籍義理的詮釋。按照他的區分，「卵有毛」、「郢有天下」、「犬可以為羊」、「馬有卵」、「丁子有尾」、「山出口」、「龜長於蛇」和「白狗黑」等八條屬於「合同異」組。[21]

馮友蘭引《荀子·不苟篇》說：「山淵平，天地比，齊秦襲，入乎耳，出乎口，鉤有須，卵有毛，是說之難持者也。而惠施、鄧析能之。」荀子與辯者時代相差不遠，馮友蘭據荀子所言，將「卵

---

[20] 見馮友蘭[1988]，第 205-209 頁。
[21] 此處討論的是舊版。在新版中，「合同異」一組還增加了「一尺之棰。日取其半。萬世不竭」一條。詳見以下第三點。

有毛」和「山出口」兩條視爲惠施一派的言論,那是有力的文獻支持[22]。

除了文獻的根據,馮友蘭之所以把上述八條歸屬於惠施一派的思想,是因爲他認爲這八條有共同的思想特徵。他說:「鳥類之毛謂之羽,獸類之毛謂之毛。今曰:『卵有毛』,是卵可以出有毛之物也。犬非羊也,而曰『犬可以爲羊』。馬爲胎生之物,而曰:『馬有卵』,是馬可以爲卵生之物。」又說:「丁子本無尾,而曰:『丁子有尾』,是丁子可以爲有尾之物。山本無口也,而曰:『山出口』,是山亦可爲有口之物也。」[23]又說:「因其所同而同之,……亦可謂『郢有天下』,『齊秦襲』矣。語云:『尺有所短,寸有所長』。因其所長而長之,則『龜可長於蛇』。《釋文》引司馬彪云:『白狗黑目,亦可以爲黑狗』。謂白狗白者,因其毛白,因其所白而白之也。若因其所黑而黑之,則『白狗黑』矣。」[24]

從馮友蘭的解釋看來,表達事物的可能性是「合同異」一派的主要特徵。所以,雖然卵非有毛,但卵可以出有毛之物;犬非羊,但犬可以爲羊;馬雖胎生,但馬可以爲卵生;丁子本無尾,但丁子可以爲有尾之物;山本無口,但山亦可以爲有口之物;因其所同而同之,郢亦可以有天下;因其所長而長之,龜亦可以長於蛇;因其所黑而黑之,則白狗可以爲黑。

倘如馮友蘭那樣單憑「可以」或「可能性」來立論的話,我們就可以任憑己意去解釋不同的條目了。例如被列入「離堅白」一派的「輪不輾地」和「飛鳥之影,未嘗動也」,也就可以將之解作

---

[22] 「出乎口」一句,馮友蘭據楊倞注謂:「或曰,即山出口也,言山有口耳也。」參見馮友蘭[1988],第 206 頁。

[23] 同上,第 205 頁。

「輪本輾地，但可能不輾地(例如摩天輪)」、「飛鳥之影本能動，但可能不動(例如畫中飛鳥之影)」了。這麼一來，「離堅白」豈非亦可變成「合同異」？

(B) 離堅白

馮友蘭將「合同異」一組以外的十三條辯者之言，全部列入「離堅白」一組。

根據文獻，在此十三條裏，「雞三足」和「目不見」兩條可確定為公孫龍的看法。《公孫龍子·通變論》云：「謂雞足一，數雞足二，二而一，故三。」《公孫龍子·堅白論》云：「白以目以火見，而火不見，則火與目不見，而神見，神不見而見離。」除此之外，馮友蘭亦以《列子·仲尼篇》引公孫龍云：「有指不至，有物不絕」，而將「指不至，物不絕」視為公孫龍的思想。

除了文獻的記載外，馮友蘭認為公孫龍一派的思想大體可以用「共相」的觀念來解釋。楊俊光指出，馮友蘭是最先將公孫龍哲學的核心概念(「指」)以共相來解釋的。楊氏並認為馮友蘭的解釋是得其真解[25]。以共相解釋「指」，是否公孫龍哲學的真解，牽涉甚廣，此處不論。不過，即使用共相來解釋「指」是適當，用共相來解釋辯者的思想卻不一定適當。現在考察馮友蘭怎樣以共相來解釋十一條辯者之言。

馮友蘭說：「雞足之共相或『謂雞足』之言為一，加雞足二，故三。依同理……『黃馬與驪牛』之共相或謂『黃馬驪牛』之言，

---

[24] 同上，第 206 頁。
[25] 楊俊光[1992]，第 160 頁。

與一黃馬，一驪牛，爲三……火之共相爲火，熱之共相爲熱。二者絕對非一……輪之共相則不輾地，而地之共相亦不爲輪所輾也……目之共相自是目，火之共相自是火，神之共相自是神，見之共相自是見。四者皆『離』，更不能混之爲一……蓋吾所能感覺者乃個體，至共相只能知之而不能感覺之；故曰：『指不至也』共相雖不可感覺，而共相所『與』現於時空之物，則繼續常有；故曰：『物不絕』……個體的矩與規，亦非絕對的方或圓。故若與方及圓之共相比，則『矩不方，規不可以爲圓』矣……圍枘者，事實上個體之鑿耳。至於鑿之共相，則不圍枘也……動而有行有止者，事實上之個體的飛矢及飛鳥之影耳。若飛矢及飛鳥之影之共相，則不動而無行無止，與一切共相同也……此亦就孤駒之共相言。孤駒之義，即爲無母之駒，故孤駒無母。」[26]

就思想淵源來說，共相問題的爭論早在古希臘哲學中就已經開始。不過在中世紀哲學裏，有關共相是否真實存在的爭論變得更爲激烈。這些爭論延續超過兩千年而難分勝負，主要原因在於有關問題的語詞含義不清。「共相」是甚麼意思？何謂雞足的共相？如果雞足的共相是一，那麼黃馬的共相是不是一？怎樣決定？

馮友蘭一方面認爲雞足的共相是一，加上兩隻雞足，就成爲「雞三足」，另一方面又認爲黃馬的共相不是一，驪牛的共相也不是一，黃馬與驪牛的共相合起來才是一，於是黃馬與驪牛的「一」個共相加上「一」隻黃馬和「一」隻驪牛，就成爲「黃馬驪牛三」了。但何謂「黃馬與驪牛」的共相？是黃馬與驪牛的交集（intersection）呢，還是「黃馬」與「驪牛」的聯集（union）呢，

---

[26] 參見馮友蘭[1988]，第 207-209 頁。

還是其他甚麼東西？看來那不過是爲了遷就「黃馬驪牛三」一句的
解釋，硬將黃馬一、驪牛一、再加上「黃馬與驪牛」的共相而成爲
三，結果只是削足就履罷了。此中弊病在於「共相」一詞含義不清，
以此作爲解釋便會越解越糊塗，本末倒置。

(C) 辯証的思想

在新舊兩個版本中，馮友蘭對其中十八條的詮釋，內容幾乎
完全一樣，只有對其餘三條的詮釋，即對「一尺之棰，日取其半，
萬世不竭」、「飛鳥之影，未嘗動也」以及「鏃矢之疾，而有不行不
止之時」的詮釋，兩個版本有很大的差別。

在舊版中，馮友蘭將此三條全部歸入「離堅白」一派。到了
新版，「一尺之棰」一條卻改而歸入了「合同異」一派。最主要的
分別是，在新版之中，馮友蘭引入了「辯証的觀念」來詮釋上述三
條。

馮友蘭說：「一尺之棰是一有限的物體，但它卻可以無限地分
割下去。這個辯論講的是有限和無限的統一，有限之中有無限。這
是辯証的思想。」[27]又說：「事實是飛鳥之影，在某一時間，不只是
在一個空間的點上；它是在一個空間的點上，同時又在另一空間的
點上。從形而上學的觀點看，這是個矛盾⋯⋯『鏃矢之疾，而有不
行不止之時』。這個辯論認識到運動就是一個物體於同一時間在一
個地方又不在一個地方。就其在一個地方說，它是『不行』；就其
不在一個地方說，它是『不止』。這個辯論看到在運動中有這樣的

---

[27] 參見馮友蘭[1991]，第 457 頁。

一個矛盾……可以認爲，它是以顛倒的方式反映了辯証法。」[28]

　　據馮友蘭所說，「一尺之棰」這一條講的是辯証的思想，是有限性和無限性的統一，至於「飛鳥之影」和「鏃矢之疾」這兩條要表達的則是在運動中的矛盾，是「以顛倒的方式反映了辯証法」。

　　問題是，爲甚麼引入辯証的觀念來詮釋就會令原來屬於公孫龍一派的思想(離堅白)變成了惠施一派的思想(合同異)？一尺之棰既是「有限」的物體，卻可以「無限」地分割下去，這種匯集了有限與無限兩種性質的物體，是否也可以說是表達了物質的矛盾，「以顛倒的方式反映了辯証法」呢？馮友蘭據甚麼理由將它正面定性爲「辯証的思想」，而不是僅僅「以顛倒的方式反映了辯証法」呢？

　　以屬於「合同異」一組的「白狗黑」和屬於「離堅白」一組的「狗非犬」爲例，「白狗黑」一條既可以解釋爲表達了事物「矛盾」的性質(白與黑)，「以顛倒的方式反映了辯証法」，也可以解釋爲事物矛盾性質(白與黑)的統一，解釋爲直接屬於「辯証的思想」。同樣，「狗非犬」一條既可以說它表達了事物「矛盾」的性質(狗與非狗)，「以顛倒的方式反映了辯証法」，也可以說它把事物「矛盾」的性質(狗與非狗)統一起來，直接屬於「辯証的思想」。可見「辯証」一詞，在馮友蘭的用法下，語意曖昧[29]。馮友蘭在此只是隨心所欲地以「辯証的思想」(表示「矛盾統一」)或以「顛倒地反映的辯証法」(表示「矛盾對立」)來進行詮釋，顯得主觀任意，毫無定準。

---

[28] 同上，第 459-460 頁。
[29] 有關「辯証」一詞的曖昧性，詳細分析可參考戎子由、梁沛霖[1998]，第 108-109 頁。

　　總括來說，新版的分類引入語意曖昧的「辯証」觀念作詮釋，並不可取，而舊版所用的「合同異」與「離堅白」的分類，亦有含糊不清、推論失效之處。雖然將惠施的思想概括爲「合同異」、將公孫龍的思想概括爲「離堅白」，頗有簡潔的優點，但若以此作爲辯者之言的分類標準，那就假定了辯者的思想不屬於惠施即屬於公孫龍，抹殺了「兩者俱不是」的可能性，而論者並沒有給出有效的理據作此假定。

四、評沈有鼎的詮釋

　　沈有鼎先生反對將辯者的思想進行任何分類。他說：「我深信，分類編排會把它們[辯者之言]搞得要死不活，就像詩在分類選集中那樣。」[30]

　　沈有鼎在研究中國名辯思想時，特別注重以現代邏輯作爲分析工具[31]。他認爲「要對中國古代辯者作出哲學的評價，務必時時注意，一方面，自其悖論中抽出真理的成分；一方面，在其悖論中找出錯誤的成分。」[32]

　　在邏輯上，「悖論」是指「看來前提爲真推論對確但結論爲假」。在這個意義上，辯者二十一事都不是悖論。如果辯者二十一事不是邏輯意義上的悖論，那麼沈有鼎以「悖論」來詮釋辯者之言的時候，他所指的究竟是何種意義下的悖論呢？他對此沒有任何說

---

[30] 沈有鼎[1992]，第 203 頁。
[31] 可參考楊武金[2000]。
[32] 沈有鼎[1992]，第 203 頁。

明。以下分析沈有鼎對辯者二十一事的詮釋，從而推敲他所謂「悖論」的意思，並探討這些「悖論」的真理成分或錯誤成分。沈有鼎只論述了辯者二十一條當中的十六條，下文順其次序逐一討論[33]。

1. 孤駒未嘗有母

沈有鼎說：「駒有母時當然不是孤駒」。他並以括號表示可與《列子》比較。《列子·仲尼篇》云：「孤犢未嘗有母」。

依沈有鼎的意思，某駒若為孤，那當然是無母，有母即不能謂之孤，所以說「孤駒無母」就像說「王老五是未婚漢」一樣，是分析地真的。然而此條之關鍵乃在「未嘗有」一語。凡駒皆由母生，所以孤駒嘗（曾經）有母。要將「孤駒未嘗有母」解釋為真，就要將「未嘗有」曲解為「無」，可是這樣只會歪曲詞義——違反了慣常用法原則。

2. 雞三足

沈有鼎採用了《公孫龍子》的論証來解釋這一條。公孫龍在〈通變論〉說：「謂雞足一，數足二，二而一故三」。這就是說，「雞足」這個抽象概念之數為一，具體的雞足之數為二，二加一為三，故曰「雞三足」。

---

[33] 關於辯者思想的時序問題，沈有鼎說：「我獲得的印象是：這些無名氏的悖論，有許多產生於惠施提出他自己的悖論之前。」見沈有鼎[1992]，第202。不過若照《莊子·天下篇》所說：「惠施以此[歷物十事]為大觀於天下，而曉辯者。天下之辯者，相與樂之。卵有毛。雞三足....辯者以此與惠施相應，終身無窮」那麼在時序上，當是「惠施提出他自己的悖論」先於辯者的思想了。沈先生未有說明他的印象從何而來，我們暫且將此孰先孰後的問題擱置，集中分析辯者的思想內容。另外，沈有鼎在其手稿中雖有論及「鏃矢之疾，而有不行不止之時」一條，但內容並不完整，難以討論。

　　如果純粹是一條數學算式，那麼二加一當然等於三，可是「雞足」的概念和具體的雞足根本屬於不同的邏輯範疇，把兩者「相加」，那就犯了範疇錯誤。

3．火不熱

　　沈有鼎說：「火只使我們(覺得)熱，而它本身並不熱。」這就是說，人覺得火熱，那是人的感覺經驗，火本身並沒有熱這種客觀屬性。

　　在日常語言的習慣上，當人們說「山埃有毒」，「牛奶有營養」，「冰是冷的」，「火是熱的」的時候，那當然是從人的角度來表達有關事物的屬性。在實驗室內張貼的「氣體有毒」的警告標語當然是指「(此)氣體對人有毒」。沒有特殊理由的話，我們不會改變這種語言習慣，否則人們難以溝通，甚至會造成思想混亂——比如在實驗室外張貼「氣體無毒」的標語，表示對人有毒的氣體「本身無毒」。辯者若以火本身不熱作為理由來論斷「火不熱」，那就是歪曲了日常語言的意義，又一次違反了慣常用法原則。

4．目不見

　　沈有鼎說：「我們以目見，目本身並不見，正如我們以火見，火本身並不見。」
這就是說，人們藉著目(視覺器官)去看，藉著火(光)而能見，但目和火的本身，並不能看見事物。

　　與「火不熱」一條相似，如果辯者要表達的意思是「目本身不見」的話，那麼辯者的意思並沒有錯，錯的是它的表達方式。按日常語言來說，「目能見」這句話是指目一般具有能見的感官功能。

人們藉著眼睛看東西，只要光線充足，視力正常，就能見物。但年老或患病時，是可能「目不見」的。不過，當一個視力正常的人為了要表達「目本身不見」而對眼科醫生說「目不見」時，那醫生要檢查的就不是這個人的眼睛，而是這個人的用語方式是否違反了慣常用法原則。

5. 一尺之棰，日取其半，萬世不竭

沈有鼎說：「假定物質是連續不斷的，隨你過多少萬年，當然還有其半。對於我們現代人，這不是悖論了。」

現代人並不是有甚麼重大的科學發現能令物質連續不斷，不管對古人還是對現代人而言，日常人們所說的一尺之棰都不可能不斷分割的。能夠不斷分割的只是「概念上」的一尺之棰，而不是「經驗上」的一尺之棰。辯者必須將日常語言所指的「經驗上的一尺之棰」偷換成「概念上的一尺之棰」，才能推論出「日取其半，萬世不竭」的結論。但這是偷換概念。

6. 飛鳥之影，未嘗動也

沈有鼎引後期墨家的論証來解釋這一條。《經下》云：「景不徙，說在改為。」據《墨經》之意，飛鳥雖然移動，但它的影子是連續改換(改為)的，後影不是前影，所以影子是不動的。

從常理看，當飛鳥移動時，如果影子的傳遞是連續不斷的話，那麼我們根本不會把影子分割為無數的前影後影，也不會將情況描述為「鳥影不動」。相反，只要前影和後影連續不斷，我們就會把它描述為「鳥影在動」。辯者的講法，又是歪曲了「影動」的日常意義而已。

7. 卵有毛

沈有鼎說：「有毛的鳥，都曾經一度是卵。若說卵無毛，會導致這樣的結論：這些鳥不是來自原來的那些卵，因而破壞個體有機的同一性。」

如果個體有所謂「有機的同一性」的話，那也不會由於卵無毛而受到破壞的。由於有毛的鳥都曾經一度是卵就說「卵有毛」，那麼受破壞的將會是語言的秩序。須知道卵雖能孵化成有毛的鳥，但長毛的不是卵而是鳥，因此我們說「鳥有毛而卵無毛」。由於卵能孵化成有毛的鳥就說「卵有毛」，這又是歪曲常義而造成「癖義」，結果只會導致其他像「卵有牙」、「卵有骨」等等的奇辭怪說吧了。

8. 犬可以為羊

沈有鼎說：「這種事雖然在實際上未發生，可是說它可能或可以發生並無矛盾。」

其實，「可能(可以)」這個詞是歧義的，它至少有兩個不同的意思。當我們說「人不可以飛」時，那是指在經驗意義上(empirical sense)人不能飛，而不是說在邏輯意義上(logical sense)人不能飛。從邏輯上說，凡是沒有自相矛盾的講法都是邏輯上可能的。如果「犬可以為羊」的意思就是說「犬為羊並沒有邏輯矛盾」，那麼辯者的話是可以解釋為真的。

不過要注意的是，在實際生活中，當人們討論「可能性」的問題時，通常是以經驗意義為準的。例如在討論「政府能否控制通貨膨脹？」這類經濟問題時，所謂「能」就是指經驗上可能，而不是指邏輯上可能。換言之，有關問題並不是要問「政府能控制通貨膨脹」這句話有沒有自相矛盾？而是要問在現實情況中，政府是否

有能力控制通貨膨脹。由此看來，儘管在邏輯意義上，「犬可以爲羊」可以被解釋爲真，但在經驗意義上，「犬可以爲羊」卻是一句假話。

9. 白狗黑

沈有鼎分析這一條說：「稱此狗爲白狗，是因爲它的毛是白的。它的眼球卻確切是黑的，爲什麼不因此稱它爲黑狗呢？兩種叫法，顯然在邏輯上有同等的理由，所以同等正確。」

日常語言的用法並不是只考慮邏輯理由的，我們還會考慮有關的用法是否簡單、方便等等。如果因狗的眼球是黑的就將有白毛的狗稱爲「黑狗」，那又是歪曲常義而造成癖義，違反了慣常用法原則。

《墨經》對辯者的批評，正是以日常語言爲基礎的。《小取》云：「之馬之目眇則爲之馬眇，之馬之目大而不謂之馬大。之牛之毛黃則謂之牛黃，之牛之毛衆而不謂之牛衆。」馬的眼睛瞎了，我們說馬瞎，但馬的眼睛大，我們不說馬大。同樣，牛的毛是黃的，我們說牛黃，但牛的毛是多的，我們不說牛多。這是約定俗成的語言秩序，破壞秩序的後果是思維混亂。

10. 規不可以爲圓

沈有鼎說：「圓早已存在於空間中那個地方，圓規不過把它畫出來。」這就是說，圓規只能劃出圓形而不能「創造」出圓來；在沒有圓規以前，圓的「理型」早已存在。

依日常意義，要斷定「規不可以爲圓」這句話是否爲真，就要看圓規是否可以「畫」出圓來，而不是看圓規可不可以「創造」

出圓來。將「畫」出圓來改為「創造」出圓來，不外再一次歪曲常義。

11. 輪不輾地

沈有鼎認為這條的意思是：「輪在轉動時，輪上並無一點與地上任何一點曾經重合了一段——不論是多麼短的時間。所以在假定是輪輾地的全部時間內，輪與地兩者，彼此根本沒有任何接觸。」

沈有鼎從輪與地的接觸點來解釋辯者的論斷，把車輪的運動分割成無數點，由於每一點要麼是已過去，要麼是未到來，車輪沒有在其中任何一刻與地面接觸，因此可以說「輪不輾地」。這種講法就像將時間分割成無數點，然後推論「我們沒有現在」，因為時間要麼已經過去，要麼還未到來。但其實「我們沒有現在」的講法只不過違反了「現在」一詞的慣常用法而已。

12. 丁子有尾

「丁子」即蛙。蛙原是蝌蚪，蝌蚪長大成蛙便會失去尾巴，所以蛙是沒有尾巴的。辯者斷言「蛙有尾」。沈有鼎說：「這和前面講的『卵有毛』是一個道理」。這裏僅僅補充一點，那就是：這條和前面講的「卵有毛」有同一種毛病。

13. 龜長於蛇

沈有鼎說：「tortoise(龜)有八個字母，snake(蛇)只有五個字母，龜長於蛇，毫無疑問。中國早期的象形表意文字，『龜』字的寫法，無論在長度上、在複雜程度上，都超過『蛇』字的寫法。對於現代人，這個『悖論』可能一文不值，因為我們慣於使用引號，

在龜字、蛇字上加個引號就完了。」

　　沈有鼎認爲辯者由於混淆了「龜」字和龜本身而造成這條「悖論」。因爲龜本身雖然不比蛇長，但「龜」字的寫法卻比「蛇」字的寫法要長。可見沈有鼎將這種混淆語言層次的做法也稱爲「悖論」。

14. 矩不方

　　沈有鼎將此條獨立來考慮，而不與「規不可以爲圓」一條並列。他說：「它(矩)是一切直角的標準，因此沒有一個角可以說是直角，除非它通過了矩的測定。爲了能說矩本身是方的，就必須用另一個矩來量，如此進行，ad infinitum(以至無窮)。但是這顯然是不可能的。所以矩不方。」

　　沈有鼎認爲要斷言「矩方」就先要「矩本身」能通過測定，但用以測定矩的矩亦須要有另一個矩來測定，這樣便遇到無窮後退的問題，由此可以推論「矩不方」。

　　試看以下的推論。某宅失竊，屋主斷言「甲是賊」。爲了証明清白，甲於是找乙做証，但怎樣証明乙可信呢？總不能由甲來証明乙可信，於是找丙做証，但怎樣証明丙可信呢？那就必須再另找証人，如此進行，以至無窮。但這顯然不可能的，於是推論「甲不是賊」。

　　以上的推論是不能成立的。即使「找証人」會導致無窮後退也不能憑此証明「甲不是賊」。同理，即使「找測定標準」會導致無窮後退也不能憑此証明「矩不方」。

15. 山出口

沈有鼎說：「我說『山』時，不是在發出沒有意義的聲音。它是有意義的聲音，而出自我口。」

如果「山出口」一條的意思就是指「山」這個字的發音由口而出，那麼此條就是混淆了語言層次，屬於範疇錯誤。照現在的學術習慣，此條當寫成「『山』出口」。

16. 黃馬驪牛三

沈有鼎說：「驪是黃、黑混雜。首先，牛是黃牛，因為有黃毛。其次，牛是黑牛，因為有黑毛。如此合在一起有一匹黃馬、一頭黃牛、一頭黑牛：數目就是三。」

《辭海》云：「馬色純黑者為驪。」沈有鼎卻將「驪」字解作黃黑混雜，不知有何根據。即使將「驪」字解作黃黑混雜，「驪牛」一詞也當指毛色黃黑混雜的牛，而不是指一隻黃牛和一隻黑牛——就像有一頭驪不能說成為有一匹馬和有一隻驢，否則只是歪曲常義而造成了僻義。

經過以上的語言邏輯分析，我們可以看到，沈有鼎所謂的「辯者的悖論」，大體上不出兩類：(1)思想混淆，犯了範疇錯誤；(2)偷換概念，違反了慣常用法原則。[*]

---

[*] 本章原屬作者[2001]，現經修訂。

第 10 章　墨辯邏輯研究

一、引論

在先秦百家爭鳴的時代，辯論之風盛行。被稱爲「辯者」的一批人物，往往用似是而非的理由去推出一些違反常識的驚人之論。墨辯邏輯最初就是爲了駁斥詭辯而在上述的時代背景下產生出來的。

墨辯邏輯的經典是《墨子》一書中的〈經上〉、〈經下〉、〈經說上〉、〈經說下〉、〈大取〉、〈小取〉六篇。清汪中把這六篇合稱爲《墨經》。有些學者只將以「經」爲名的前四篇稱爲《墨經》，那是狹義的《墨經》。至於上述廣義的《墨經》，一般又稱爲《墨辯》[1]。

《墨辯》對日常語言涉及的邏輯問題所作的分析，與日常語言學派所作的分析比較起來，就其嚴謹精細的程度而言，每每不遑多讓。以其中一段著名的論辯爲例，《墨辯》對於「牛馬非牛」一命題有如下的分析：

---

[1] 《墨經》一詞最早見於《莊子·天下》篇，〈天下〉篇說：「南方之墨者，苦獲已齒鄧陵子之屬，俱誦墨經。」不過，〈天下〉篇的作者並未明言《墨經》一詞究何所指。晉魯勝把〈經上〉、〈經下〉、〈經說上〉、〈經說下〉四篇，稱作《墨辯》，這是狹義的《墨辯》。近代學者以〈大取〉、〈小取〉在內容上多涉論辯之術，故把六篇合稱《墨辯》，這是廣義的《墨辯》。

> 牛馬之非牛，與可之同。說在兼。(〈經下〉)「或不非牛或
> 非牛而『非牛也』可，則或非牛或牛而『牛也』可。故曰：
> 『牛馬非牛也』未可，『牛馬牛也』未可。」則或可或不可，
> 而曰：「『牛馬牛也』未可」亦不可。且牛不二，馬不二，
> 而牛馬二。則牛不非牛，馬不非馬，而牛馬非牛非馬，無
> 難。(〈經說下〉)

《墨辯》認爲，「牛馬」一詞是「兼名」(總體名)，其所指的牛馬群，作爲一個總體，並不等於牛群(牛類)這個部分，所以說「牛馬非牛」。現在設想難者駁斥說：

牛馬一部分是牛(「不非牛」)，一部分不是牛(「非牛」)，如果你可以就「非牛」的部分而論斷「牛馬非牛」能夠成立(「非牛也」可)，那麼我也可以就「不非牛」的部分而論斷「牛馬，牛也」能夠成立(「牛也」可)。但明顯不能作後一種論斷，因此也不能作前一種論斷，總言之就是兩種論斷都不能成立(「故曰：「牛馬非牛也」未可，「牛馬牛也」未可。」)

對於這種非難，《墨辯》回答說：

「牛馬非牛也」和「牛馬牛也」這兩種(互相矛盾的)命題，必有一個不成立(「或可或不可」)。既然你斷定我的命題「牛馬非牛」不成立，那就必須斷定「牛馬牛也」成立，而不可斷定「牛馬牛也」亦不成立(「而曰：『「牛馬牛也」未可』亦不可」)。再說，「牛」不兼「牛」和「馬」，「馬」也不兼「牛」和「馬」，但「牛馬」則兼「牛」和「馬」(「牛不二，馬不二，而牛馬二」)，牛馬合成的類既非牛類亦非馬類。

以上的論辯，嚴謹精微。然而《墨辯》未能發展出純邏輯的

系統理論，缺乏了足夠應用的邏輯法則和方法學概念，結果在進行分析和論證時就不如分析哲學那樣能夠深入地進行邏輯分析。比如《墨辯》在上述答辯中，不但預設了同一律(p→p)，且更明顯援用了排中律(p∨~p)、矛盾律(~(p∧~p))和雙重否定律(p≡~~p)——見「或可或不可……亦不可……牛不非牛，馬不非馬」之說——可惜《墨辯》卻未能將這些邏輯法則抽離出來建立起純邏輯。

　　與此不同的是，現代的邏輯分析由於具備了一套豐富有效的方法學概念和邏輯法則，在運用時就能夠明確得多深入得多，一旦應用這種分析技巧，那就可以清楚地展示出《墨辯》與難者之間出現對立的癥結所在，同時亦可展示出難者的錯誤究竟是怎樣的一些錯誤了。

　　《墨辯》與難者之間何以會有上述的對立呢？關鍵在於《墨辯》所說「牛馬非牛」的意思是「並非所有牛馬類的分子都是牛類的分子」：

$$(\text{i}) \quad \sim\forall x((x\in A\cup B)\to(x\in A))$$

(其中「A」代表「牛類」，「B」代表「馬類」。) 另一方面，難者卻把「牛馬非牛」解釋為「所有牛馬類的分子都不是牛類的分子」：

$$(\text{ii}) \quad \forall x((x\in A\cup B)\to\sim(x\in A))$$

由於「牛馬牛也」是全稱肯定命題：

$$(\text{iii}) \quad \forall x((x\in A\cup B)\to(x\in A))$$

而（ii）是與（iii）對應的全稱否定命題，於是難者就以為「牛馬非牛」和「牛馬牛也」可以同時並假（「未可……未可」），因為（ii）與（iii）的確可以同時並假。

但事實上（i）才是「牛馬非牛」的意思，而（i）與（iii）具有「~p」和「p」的形式，換言之（i）與（iii）是兩個互相矛盾的命題。互相矛盾的命題既不可能同真，也不可能同假，所以「牛馬非牛」和「牛馬牛也」不可能同假，因此難者的論辯（「未可……未可」，即以為兩者可以同假）就不能成立。

以上的論述，顯示出現代邏輯分析的方法對於釐清《墨辯》的思想有很大的助益。以下就通過語言邏輯分析和數理邏輯分析來疏理《墨辯》的思想。

二、論「辯」

〈小取〉開首一段，總論「辯」的性質和功能，可視為「墨辯邏輯提要」：

> 夫辯者，將以明是非之分，審治亂之紀，明同異之處，察名實之理，處利害，決嫌疑，焉[而]摹略萬物之然，論求群言之比，以名舉實，以辭抒意，以說出故，以類取，以類予，有諸己不非諸人，無諸己不求諸人。（〈小取〉）

對這一段文字的疏解，在《墨辯》學者之間，存有不同的意見。有的學者認為「明是非……決嫌疑」這六句表示〈小取〉提出

了墨學邏輯有六項任務(沈有鼎、楊沛蓀等學者持此觀點[2]),但也有的學者認為「明是非之分……論求群言之比」這八句表示〈小取〉舉出了墨辯邏輯的八項任務(比如莫紹揆先生即持此觀點[3])。並沒有其他資料可資判定以上兩種解釋何者符合作者原意,不過就文脈看,筆者比較傾向於後一種觀點。因為,倘若接納前一種觀點的話,「摹略萬物之然,論求群言之比」這兩句就顯得孤立突兀。沈有鼎對這兩句作出如下的詮釋:「『辯』的準備工夫是搜集材料。這有兩方面,一方面是自然界形形色色的現象,我們要多多去觀察,反映出它們本來的樣子。一方面是學術界矛盾錯綜的各派理論,我們也要多多熟悉,以供參考、比較、批判。這就是『摹略萬物之然、論求群言之比』。」[4]但是,將這兩句疏解為表示「搜集材料」的工作,從上文下理看,似嫌牽強。

但無論哪種解釋較合原意,有一點可以確定的是:「明是非之分」乃是辯的根本任務,可以統括其餘各項,而其餘各項之中,有些項目的理論意味較重(如「察名實之理」),有些項目則是實用意味較重(如「處利害,決嫌疑」)。

跟著的三句:「以名舉實,以辭抒意,以說出故」,現代的學者對此有一致的詮釋,就是認為「名」指詞語或概念,「辭」指述句或命題(判斷),「說」指推論或推理。這麼一來,「以名舉實,以辭抒意,以說出故」三句就依次相應於邏輯學的概念論、命題論和推理論了。現時《墨辯》學者大都用這個架構去將《墨辯》系統化。這種做法大體上可行,但實踐起來的時候許多學者都犯了「硬套」

---

[2] 沈有鼎[1982],第 16 頁;楊沛蓀[1988],第 90 頁。
[3] 莫紹揆[1980],第 163 頁。
[4] 沈有鼎[1982],第 17 頁。

的毛病，下文對這種流弊有具體的剖析。

最後一小段：「以類取，以類予。有諸己不非諸人，無諸己不求諸人。」學者對這幾句又有不同的、甚至相差極遠的詮釋。

例如馮友蘭認為：「這是辯論中類比推論。甲與乙同類，對方承認了甲，就不得不承認乙，不承認甲，就不能承認乙；這是『以類取』。甲與乙同類，對方承認了甲，我就把乙提出來，看他是不是也承認，這是『以類予』。甲與乙同類，我承認了甲，對方主張乙，我就不能反對；這就是『有諸己不非諸人』。甲與乙同類，我不承認甲，我就不能要求對方承認乙；這就是『無諸己不求諸人』。」[5]其他如沈有鼎等學者都取相近的詮釋[6]。

但另一方面，莫紹揆則認為「以類取，以類予」就是典型分析：「根據典型來取例(取)，來考察，再根據典型來判斷作論(予)，這正是典型分析法。」[7]至於「有諸己不非諸人，無諸己不求諸人」的意思，莫氏認為「這裡的『有諸』……是指在當時的時代任何人都不能免的缺點……在這種情況下，非難別人具有這個缺點，有甚麼意義呢？同樣，『無諸己』也是指在當時一切人都未能達到的知識水平，如果要求對方達到，那是不妥當的。」[8]

典型分析是現代科學方法之中重要的一環，《墨辯》之中並無證據顯示「以類取，以類予」這一點「正是典型分析法」。而莫氏對於「有諸己不非諸人，無諸己不求諸人」的解釋，則更有「無中生有」之嫌：這兩句話怎麼會涵有「……當時的時代任何人都不能免……都未能達到的知識水平……」這個意思呢？相比之下，馮、

[5] 馮友蘭[1989]，第 441-442 頁。
[6] 沈有鼎[1982]，第 45 頁。
[7] 莫紹揆[1980]，第 164 頁。

沈等人的疏解，似較允當，不過還是沒有足夠文獻印證那就是確解。其他如伍非百訓「有諸己」爲「己有非」、「己有可以破者」，譚戒甫則訓之爲「辯術之用，若有諸己」[9]，在在顯示〈小取〉這幾句的詮釋難有定論。

但如果不是要逐字索解，而只是要釐定這幾句話的精神、大意，那麼我們可以說：「以類取、以類予」就是基於「察類」、「明類」而進行的「類推」，而「有諸己不非諸人，無諸己不求諸人」則表達了「要求一致性、反對雙重標準」的態度。

總括而言，〈小取〉被認爲勾勒了墨辯邏輯的大綱，其開首一段更表述了墨辯邏輯的中心思想：首先標出辯的任務(明是非之分……)，然後指出辯的綱領(名、辭、說)，最後立下辯的準則(同類推演，不可有雙重標準)。

三、論「名」

現在我們就依照上文提到的「概念論、命題論、推理論」的架構來分析墨辯邏輯的具體內容。首先考察《墨辯》的概念論。

(A) 名實關係

早期分析哲學家如邏輯原子論者認爲，「名」必須最終能還原

---

[8] 同上，第 164-165 頁。
[9] 轉引自周山[1988]，第 212 頁。

到「實指」(ostension)的形態才有意義,例如羅素即認爲,只有表示實指動作的「這」、「那」才是邏輯上恰當(logically proper)的「名」[10]。後來日常語言進路的哲學家(特別是後期維根斯坦)則指出,邏輯原子論那種想法是行不通的,因爲(A)有很多東西根本無法被實指,但沒有理由認爲這些東西的名不是真正的名;(B)實指的動作若要有意義,則必須預設「語言遊戲」(language game)[11],因此實指不可能是一種絕對基始的產生意義的程序。

從文獻看,《墨辯》已涵有觀點(A):

> 或以名示人,或以實示人。舉友「富商也」,是以名示人也。
> 指是「霍也」,是以實示人也。(〈經說下〉)
> 所知而弗能指。說在春也、逃臣……(〈經下〉)
> 春也其死,固不可指也。逃臣不智其處。(〈經說下〉)

宣稱「我的朋友陳大牛是富商」,這是以名(「陳大牛」)示人。指著一個動物說「這是霍」(霍是一種動物),這是以實示人。談到已死的春(「春」是人名),以及不知逃匿何處的奴僕(臣),都只能以名示,無法實指。

上文顯示《墨辯》已隱涵觀點(A),但這部作品並沒有觀點(B)。事實上《墨辯》在名實問題上並沒有達到像日常語言學派那樣的理論水平,這部作品的語言哲學有不少地方還是頗接近於邏輯原子論那種理論形態的。例如:

---

[10] Cf. Russell[1918-19]。
[11] Cf. Wittgenstein[1958], §§ 1-124。

> 名若畫虎也。（〈經說上〉）
>
> 名，實名。（〈大取〉）
>
> 有之實也，而後謂之。無之實也，則無「謂」也。（〈經說下〉）

所謂「名若畫虎」、名必「實名」、無實則無「謂」，凡此都顯示了《墨辯》有些地方接近於邏輯原子論在名實關係上所持的「圖繪說」（Theory of Picturing）。正如後期維根斯坦所示，圖繪說的解釋範圍狹窄，不能反映語言的實際用場，比如不能妥善說明「雅典娜」、「漢姆雷特」等神話或小說戲劇裏所用的名。

總結以上所論，如果用語言邏輯分析的一些相關的概念，特別是「脈絡辨義原則」的概念，去補《墨辯》在名實關係問題上的不足，這對於墨辯邏輯的改進是大有助益的——比如「孫悟空」雖非實有所指，但在《西遊記》的脈絡所構成的「語言遊戲」之中，仍是一個不折不扣的名字。

(B) 名的種類

從不同的著眼點可以給事物作不同的分類（如「男性/女性」、「小孩/青少年/中年/老年」）。《墨辯》就「名」所作的一種分類是：

> 以形貌命者，必智[知]之某也，焉[乃]智某也。不可以形貌命者，唯[雖]不智是之某也，智某可也。（〈大取〉）

這種形貌名和非形貌名之分，略相等於一般所謂具體概念和抽象概

念之分。這個區分在現代邏輯之中沒有甚麼特別的理論重要性。

不過另一方面,《墨辯》又給「名」作出了「達名/類名/私名」的區分:

> 名:達、類、私。(〈經上〉)
>
> 「物」,達也;有實必待之[「之」訓「此」]名也命之。「馬」,類也;
>
> 若實也者,必以是名也命之。「臧」,私也;是名也,止於是實也。(〈經
>
> 說上〉)

達名的外延至大無外,例如「物」字,任何事物都可用「物」來指稱。任何事物之類,只要小於達名的外延,其名稱就是類名,例如「馬」。任何單一事物的名字,則是私名,例如「臧」(古代某個男性奴僕叫做「臧」)。

《墨辯》對「名」所作的這種區分,有極其重大的邏輯意義。據上面的引文可知,達名相當於現代邏輯之中的個體變元[12],類名就是現代邏輯所講的類名或集合名(其在量詞邏輯之中的對應項為謂詞)。至於私名則是現代邏輯所講的專名,即個體常項。現代數理邏輯所用的詞項(terms)恰好就是上述幾種。試考慮(集論版的)全稱特指律(Law of Universal Specification)的任何一個代換個例:

$$\forall x(x \in S) \rightarrow a \in S$$

---

[12] 本文把「達名」了解成「個體變元」,這只是其中一種可能的解釋。

206

　　上式所需要用到的詞項，恰恰就是個體變元「x」、類名「S」以及個體常項「a」，換言之就是《墨辯》所說的達名、類名和私名。

　　　私名(個體常項)在奎因所謂的「範式語言」(canonical language)之中沒有地位，因為奎因認為原則上可以將之消去，個中關鍵在於把個體常項「類化」(或「謂詞化」)，於是上式中的「a∈S」就成為：

$$(\exists Lx)1(\exists Mx)1[x \in \{a\}\&x\in S]$$

即至少並至多有一物 x：x 是{a}同時又是 S 的分子。

　　　然而就算奎因的理論成立，就算私名在原則上可以消去，但這並不表示私名沒有實用價值。事實上大多數分析哲學家(例如羅素、卡納普、克里普克等人)在進行邏輯分析時，所用的邏輯語言都是採納了個體常項(私名)的系統，因為在實際運作(進行邏輯分析)的時候，使用個體常項是一種方便得多的做法。一言以蔽之，《墨辯》的「達/類/私」之分，從現代邏輯的觀點看也是一種甚有實用價值的分法。

　　　在這幾種「名」之中，最重要的是類名。所謂最重要，意思是說只有類名具有描述的功能(個體變元和個體常項都沒有描述的功能)。要注意的是，有些類名所指的類是有本質的(例如三角形)，有些類名所指的類卻沒有本質，而只有維根斯坦所說的「家族相似性」(例如遊戲)。在進行類推的時候，如果所涉及的類並無本質而只有「家族相似性」，那就必須特別小心，必須個別處理，因為基於「家族相似性」所作的類推，是很容易掉進「類比陷阱」(pitfalls of analogy)之中的。墨辯邏輯乃至整個中國哲學的思維特色之

一，就是類推的廣泛應用。這麼一來，在《墨辯》的「達/類/私」的區分之下，對類名作進一步的細分，分辨出哪些類名指涉有本質的類，哪些類名指涉僅有家族相似性的類——這種分辨的工作，對於墨辯邏輯的研究和發展來說，當有重大的意義。

四、論「辭」

《墨辯》論述命題(辭)的句段不算多，資料不全，許多《墨辯》學者在這方面的討論其實都只是憑空臆測，有些臆測甚至荒謬離奇。這些將在下文探討，現在先分析一些比較明確的句段(所謂比較明確，意思是說，這些句段比較可信是對命題作出了論述的)。

《墨辯》簡略論述了三種屬於不同邏輯類型的命題，那就是量化命題、關係命題、模態命題。這在邏輯上是三種非常重要的命題類型，試析論如下。

(A) 量化命題

這種命題的特徵是包含「所有」、「有些」、「恰恰有 n 個」之類的量符。傳統邏輯的 A、E、I、O 都屬於量化命題。在現代邏輯中，量化命題可以這樣界定：

> (Df) 任何具有或含有「∀αΦ」或「∃αΦ」這種邏輯形式的命題都是量化命題，並且任何可以還原為量化命題的都是量化命題；只有符合上述條件的才是量化命題。

　　《墨辯》學者一般認為[13]，下引的經文是對量化命題中的全稱
命題所作的論釋：

　　盡，莫不然也。(〈經上〉)
　　俱止，不動。(〈經說上〉)

斷言某物所有的部分皆停止(等於斷言該物不動)，這樣的斷言包含
了「所有」這個量化概念，是一個全稱命題，正如「越國之寶盡在
此」(〈兼愛中〉)是全稱命題一樣。這命題的意思是說：「所有越
國之寶都在此」，而這是一個全稱 A 命題：

$$\forall x(Fx \to Gx)$$

　　《墨辯》並沒有明文論述特稱命題，只有〈小取〉篇說過這
麼一句：

　　或也者，不盡也。(〈小取〉)

　　有些學者(例如沈有鼎、楊沛蓀等[14])抓著這一句就認為是墨辯

邏輯的命題論包括了對特稱命題的分析。但從上下文看，這一句是
同「譬、侔、援、推」幾種辯的方式(「說」的方式，即推理方式)
以排句的形式平行並舉的(見下一節論「說」)，現在從《墨辯》討

---

[13] 例如沈有鼎[1982]，第 32 頁。
[14] 見沈有鼎[1982]，第 32-33 頁；楊沛蓀[1988]，第 103 頁。

論推理方式的一段文字中單單抽這一句出來，當作墨辯邏輯命題論的一部分，有點不倫不類。等到敘述墨辯邏輯的推理論時，那些學者又把「或也者，不盡也」再徵引一次，當作是墨辯邏輯推理論的一部分，這就更顯得先前將那些經文視爲屬於命題論是相當牽強的。

但就算把上述引文視爲屬於命題論的一部分，這時有一點特別需要注意的是：「不盡也」只斷言「並非所有」，例如「並非所有 S 都是 P」。由於「並非所有 S 都是 P」等值於「有些 S 不是 P」：

$$\sim\forall x(Sx{\to}Px)\equiv\exists x(Sx\wedge\sim Px)$$

因此「不盡也」所表示的特稱命題並不是基本特稱命題，即並非特稱命題的範式——比如 I 命題屬特稱命題的範式，但「不盡也」所表示的命題並非 I 命題。

（B） 關係命題

通過邏輯分析，貌似的關係謂詞可以分析爲性質謂詞的組合：

$$F^*xy\equiv(Fx\wedge Fy)$$

比如「F」表示「來」，「F*」表示「都來」，那麼上式斷言：「甲乙都來」等值於「甲來並且乙來」。

另一方面，真正的關係謂詞卻無法予以上述的分析，例如「同

來」這個關係謂詞就無法作出那樣的分析，因為「甲乙同來」這個關係命題不能闡釋為「甲來並且乙來」，也不能闡釋為「甲同來並且乙同來」。

對於關係命題的這種特性，《墨辯》顯出已有允當的了解：

> 苟兼愛相若，一愛相若，一愛相若，其類在死蛇。(〈大取〉)

這就是說，如果割裂「兼愛相若」這句話，比如把「愛甲與愛乙相若」拆成兩句「愛甲相若」和「愛乙相若」，結果就像把活蛇切成兩截，變成了死蛇。

(C) 模態命題

《墨辯》論述過的具有邏輯重要性的命題類型，有量化命題、關係命題和模態命題。上文已分析過前兩種，現在分析最後一種，即模態命題。這種命題主要包括可能性命題「◇P」(例如「可能明天下雨」)和必然性命題「□P」(例如「必然地，1+1=2」)。關於必然性命題，《墨辯》有這個說法：

> 必，不改也。(〈經上〉)
> 若弟兄，一然者一不然者，必「不必」也，是非「必」也。(〈經說上〉)

必然如此就不會改變，會改變就不能說是必然如此。例如「有弟必有兄」，就是一個必然性命題。若一時如此一時不如此，那就必定

211

是「不必然」，而不是「必然」了。

沈有鼎認爲「『必』比『盡』更進一步：『盡』是『全都如此』，『必』是」『全都如此並且一直如此下去』。『必』涵蘊『盡』。」[15]這個疏解是有破綻的，因爲，如上所述，「盡」表示全稱(這點沈氏自己也同意[16])，但是必然性命題不必是全稱命題。例如「速亡必矣」(《墨子・貴義》)是必然性命題，但不必是全稱命題。又如「這三角形必有三隻角」也是必然性命題，但明顯不是全稱命題。可見沈氏所謂「『必』涵蘊『盡』」之說不能成立。

除了必然性命題之外，模態命題還包括可能性命題。但《墨辯》對此並無明文討論。這麼一來，對於邏輯分析來說很重要的「可能」與「必然」之間的模態關係：

$$\Box P \equiv \sim \Diamond \sim P$$
$$\Diamond P \equiv \sim \Box \sim P$$

就沒有在《墨辯》之中被界定了。簡言之，墨辯邏輯有關模態命題的探討，還是處於一個很原始粗糙的階段之中的。

五、論「說」

像西方邏輯一樣，墨辯邏輯是在辯的背景下發展起來的。辯

---

[15] 沈有鼎[1982]，第 33 頁。
[16] 同上，第 32 頁。

論的主要工作在推理。無論是要建立自己的論點還是要駁斥對方的論點，通常都要依賴推理。邏輯以推理為主題，墨辯邏輯亦不例外。現在剖析墨辯邏輯的推理論。

《墨辯》學者大都同意[17]，墨辯邏輯的推理方式有七種：

> 或也者，不盡也。假者，今不然也。效者，為之法也；所效者，所以為法也；故中效則是也，不中效則非也，此效也。辟[譬]也者，舉他物以明之也。侔也者，比辭而俱行也。援也者，曰「子然我奚獨不可以然也」。推也者，以其所不取之，同於所取者予之也；「是猶謂」也者，同也；「吾豈謂」也者，異也。(〈小取〉)

有的墨辯學者無視〈小取〉所列舉的推理七式，如陳癸淼只從〈小取〉之中抽出四種：推、譬、侔、援[18]，卻沒有提出任何理由說明何以捨其他三種推理方式不論。這樣對墨辯邏輯隨意加以「割切」，是毫無根據的。本文按照《墨辯》原文所列，對墨辯邏輯的推理七式予以逐一分析如下：

(A)「或」式推理

墨辯學者詹劍峰先生在討論墨辯邏輯時說：「『或』是屬於選言推理」。[19]這是望文生義。選言推理從「P 或 Q，但非 P」推論「Q」：

---

[17] 也有例外者，如陳癸淼[1977]，第 251-252 頁。
[18] 同上。
[19] 詹劍峰[1981]，第 104 頁。

$$(P \lor Q) \land \sim P \vdash Q$$

在這個推理公式中的「∨」(或)，是作爲語句連詞的「或」。這個「或」跟〈小取〉所謂「或也者，不盡也」的「或」顯然不同。然則〈小取〉的這個「或」指甚麼呢？

據梁啓超先生考證，現代漢語中的「域」字，在古漢語可寫成「或」:「有限於一部分之意」[20]。於是梁氏推想〈小取〉的「或也者，不盡也」之「或」，「講的是論理學上『特稱命題』」[21]。這個推想大概有理，〈小取〉那段文字正是要列舉推理方式。不過梁氏並沒有說明「或」式推理是怎樣子的。事實上涉及特稱命題的推理方式，有多種多樣，〈小取〉並沒有明言。但一來由於「以特稱否定命題駁斥全稱肯定命題」是涉及特稱命題的推理之中最常用的一種，二來由於〈經上〉和〈經說上〉有這兩段文字:

止，因以別道。(〈經上〉)

彼舉然者，以為此其然也，則舉不然者而問之。(〈經說上〉)

據此似有理由推想，墨辯邏輯中的「或」式推理就是一種「反例論證」的方法，比如以特稱否定命題「有些 S 不是 P」去論證全稱肯定命題「所有 S 都是 P」不能成立:

$$\exists x(Sx \land \sim Px) \vdash \sim \forall x(Sx \rightarrow Px)$$

---

20 梁啓超[1957]，第 52 頁。
21 同上。

（B）「假」式推理

　　研究墨辯邏輯的學者如沈有鼎、陳孟麟等人都認為，《墨辯》對於「假言推理」已有所了解，他們認為〈小取〉「假者，今不然也」之說，所講的正是(否定性的)假言推理[22]。這個論斷應站得住，因為「假如P，則Q；今Q不然(即非Q)，故P不然(即非P)」這個否定性的假言推理架式，是目前所知各種推理架式之中，看來最合乎「假者，今不然也」之文意的(不可忘記這句話的脈絡是在列舉推理方式的)。

　　相應於否定性的假言推理架式的邏輯定理為「逆斷律」(modus tollens)：

$$(i)((P{\rightarrow}Q)\wedge{\sim}Q){\rightarrow}{\sim}P$$

相應於肯定性的假言推理架式的邏輯定理為「正斷律」(modus ponens)：

$$(ii)((P{\rightarrow}Q)\wedge P){\rightarrow}Q$$

逆斷律和正斷律都很容易證明具有邏輯對確性。如果說〈小取〉的「假」式推理顯示《墨辯》作者已了解到逆斷律是對確的(雖然未能自覺地提出「對確性」的定義，亦未有(i)式的符號表述)，由於逆斷律和正斷律可視為一個銀幣的兩面，那麼我們能否斷言《墨

---

[22] 例如沈有鼎[1982]，第 46-47 頁。

辯》作者亦已了解到正斷律是對確的呢？關於這個問題，《墨辯》裏並沒有足夠的資料可據以作出確定的回答。

(C)「效」式推理

上引〈小取〉所云：「效者，為之法也；所效者，所以為之法也；故中效則是也，不中效則非也。」這段文字比起「或」與「假」的簡略敘述要明白得多。其中所說的「法」，在《墨辯》之中有這樣的解釋：

法，所若而然也。（〈經上〉）
意、規、圓三也，俱可以為法。（〈經說上〉）

比如要作一個圓的圖形，可以用「一中同長」（〈經上〉）這個「意」（即概念或定義）為標準，也可以拿「規」（圓規）作標準，甚至可以取一個現成的「圓」作為標準。符合標準則是，不符合標準則非。

一般而言，標準由全稱句表述，個例由單稱句表述。在此情況下，「效」式推理的邏輯結構可以分析為：

$$\forall x(Fx \to Gx) \land Fa \vdash Ga$$

例如：任何東西 x 如果滿足「一中同長」的條件則 x 是一圓形，而 a 這個東西滿足「一中同長」的條件；因此，a 是一個圓形。

(D)「辟」式推理

〈小取〉所說的「辟也者,舉他物以明之也」這句話裏的「辟」與「譬」通。由於這句話在其脈絡之中是要列舉推理方式的,可以設想其中的「明」字不但有「闡明」之義,而且更有或強或弱的「證明」之義。這種以闡明和證明爲務的「譬」,在中國哲學裏隨手可拾。舉《墨子》的一段爲例:

> 大國之攻小國也,譬猶童子之爲馬也。童子之爲馬,不足而用勞。今大國之攻小國也……農夫不得耕,婦人不得織,以攻爲事。故大國之攻小國也,譬猶童子之爲馬也。(〈耕柱〉)

這個議論所含的論點,可以經過重構(reconstruction)而組成一個「辟」式推理:大國之攻小國(A),譬猶(以「≈」表述類比關係)童子之騎竹馬(B),後者有「白費氣力」的性質($),可見前者也有相同或類似的性質(以「$*」表述與 $ 相同或類似的性質)。這種「辟」式推理的邏輯結構可以分析如下[23]:

$$((A \approx B) \wedge \$(B)) \rightarrow \$*(A)$$

值得注意的是,「辟」式推理所援引的相似性,既可以是形式結構上的相似性[例如數理邏輯的模型論所謂的「同一形式系統的不同模型之間的同構關係(isomorphism)」],即屬於這種形式結構

---

[23] 這種推理是很容易出錯的,要小心個別不同情況,其中的「≈」在此作爲模糊等值算子來用,個中細節有待另文探討。

上的相似性]，也可以是實質的類簇相似性[奎因所謂的「自然類」(natural kind)的分子之間的相似性，即屬於這種實質的類簇相似性]。若是前者，則可以將「辟」式推理形構成一種演繹上對確的推理架式——但必須藉著後設語言系統來表述，像塔斯基(A. Tarski)在他的語意論裡所作的那樣。若是後者，則「辟」式推理只是一種歸納推理，而無法被形構成演繹上對確的推理架式——因為沒有任何歸納推理具有演繹對確性(數學歸納法只是名為「歸納」，實則為演繹)。

在上述情況，「((A≈B)∧§(B))→§*(A)」只能在上述的第一種解釋下有(嚴格的)演繹對確性；至於在上述的第二種解釋下，則最多只能有(粗鬆的)歸納正確性而已。

(E)「侔」式推理

「侔也者，比辭而俱行也。」這是〈小取〉篇有關「侔」式推理的簡括。如何是「比辭而俱行」？例如：

> 白馬，馬也；乘白馬，乘馬也。驪馬，馬也；乘驪馬，乘馬也。獲，人也；愛獲，愛人也。臧，人也；愛臧，愛人也。(〈小取〉)

由這些實例可以概括出「侔」式推理具有下述的邏輯結構：

$$\forall x(Fx \to Gx) \to \forall x[\exists y(Fy \wedge Hxy) \to \exists z(Gz \wedge Hxz)]$$

比如以「F」表示「白馬」,「G」表示「馬」,「H」表示「乘」,於是上式就是對於「白馬,馬也;乘白馬,乘馬也」的邏輯分析。至於其他幾個例子,也可予以結構相同的邏輯分析(只需約定把單稱命題重構爲 A 命題)。

　　有趣的是,墨辯邏輯裏的「侔」式推理,所涉及的恰恰是一種困擾西方傳統邏輯家的推理,即如何從「所有圓形都是圖形」推出「任何人畫了一個圓形就是畫了一個圖形」。仿照《墨辯》的語氣來說,那就是「圓,圖也;畫圓,畫圖也」。這個推理的對確性無法靠傳統三段論的邏輯來證明,因而一直困擾著傳統邏輯家。但現代的數理邏輯分析就可以把這種推理(在墨辯邏輯裏叫做「侔」)的邏輯結構清晰精確地展露出來,如上式所示。

(F)「援」式推理

　　〈小取〉說:「援也者,曰『子然我奚獨不可以然』。」(詳見本節開首所引〈小取〉一段原文。)莫紹揆先生認爲這段文字「指的是由這個論證而推出另一個新論證。」[24]但莫氏這種疏解恐怕有點毛病,因爲這段文字明明只是說:你可以這樣做或說,我爲甚麼不可以同樣地(相同或類似地)做或說?至於所說的是甚麼,則可以是一個「命題」,而不必局限於「論證」。比如以下所引涵有「援」式推理的一個例子:

---

[24] 莫紹揆[1980],第 167 頁。

此與彼同類。世有彼而不自非也，墨者有此而非之，無也[他]
故焉，所謂內膠外閉心無空[孔]乎？內膠而不解也。(〈小取〉)

這裡的「此」、「彼」，就不必局限於指謂論證。這段引文所涵的「援」
式推理是：既然彼說與此說同類，如果(世人持)彼說能站得住，那
麼(墨者持)此說亦應能站得住。這個「援」式推理的邏輯結構可分
析如下：

$$((P \approx Q) \wedge P) \rightarrow Q$$

基於這個「援」式推理(略等於平時人們所說的「援例」)，《墨
辯》作者提出這樣的駁斥：既然彼此同類相當，世人持彼說就不加
非難，墨者持此說卻被非難，這無非是思想閉塞膠著、心靈一竅不
通的表現罷了。

(G)「推」式推理

《墨辯》所說的「推」，並不是推理的總稱，而是指某種特定
的推理。如前所引，〈小取〉對於「推」式推理的描述是：「推也者，
以其所不取之同於其所取者予之也。『是猶謂』也者，同也；『吾豈
謂』也者，異也。」也就是說，當對方提出命題 P 時，我就指出某
個對方也不取(不接受)的命題 Q 給對方看，而 P 與 Q 在本質上類
似，即一旦斷定 P，那就猶如(是猶)斷定 Q 一樣，這麼一來就能駁
倒對方，揭示對方的斷言不能成立。這種推論的邏輯結構可表述如
下：

$$((P \approx Q) \wedge \sim Q) \rightarrow \sim P$$

茲以《墨子》裡的一個例子來闡明這種辯破性的推理方式：

公孟子曰：「無鬼神。」又曰：「君子必學祭禮。」子墨子曰：「執無鬼而學祭禮，是猶無客而學客禮也，是猶無魚而為魚罟也。」（〈公孟〉）

且撇開墨子是否知道儒家「祭如在，祭神如神在」這個道理不談，上面的引文正好展示了墨辯邏輯裡的「推」式推理。

問題是，當對方也用「推」式來駁斥我們(即斷言我們所取的P在本質上類似於我所不取的Q)，這時該怎麼辦呢？在此情況下，我們若要反駁，最好就是嘗試指出P在本質上不類似於Q（吾雖謂P，吾豈謂Q哉）。例如上文引公孟子曾駁斥墨子：「子以三年之喪為非，子之三日之喪亦非也。」墨子這樣申辯：「吾謂三年之喪為非，吾豈謂三日之喪亦非哉！」[25]

---

[25] 本文並非旨在巨細無遺地剖析《墨辯》，有關《墨辯》所提「一周一不周」之類的說法，不贅。

結 語

· 1 ·

由於《墨辯》文義晦隱，在討論這部典籍時最要小心避免「硬套」的毛病。許多《墨辯》學者都犯了這個毛病（本文也無法保證完全沒有此病，但已盡量小心謹慎，盡量對這種毛病提高警覺）。例如有些學者認爲墨辯邏輯已有「三段論式」，比如鍾友聯先生即斷言下面的(他所謂的)「三段論式」爲墨辯邏輯的一種推理方式：

「大前提──天下有義則治，無義則亂。

小前提──天欲其治而惡其亂。

結論──因此可知，王欲義而惡不善。」[26]

可是依據「三段論式」的定義，上式根本不是三段論式。鍾氏稱之爲「三段論式」，只是硬套而已。

問題是，本文用數理邏輯去分析《墨辯》，那是不是亦爲硬套呢？如果我們斷言《墨辯》已「涵有」數理邏輯，那就是硬套。但本文並沒有這樣斷言。本文只是應用了數理邏輯作爲分析的工具，並沒有宣稱《墨辯》已涵有這個工具。

---

[26] 鍾友聯[1976]，第 122 頁。

·2·

　　本書上卷論述邏輯分析的方法，下卷探討這種方法在名辯哲學(此處特指先秦名辯之學)中的應用。邏輯分析的方法有普遍適用性，其在名辯哲學中的應用可以視為其普遍適用性的一種例釋。名辯哲學以墨辯發展得最為成熟。本書下卷始於分析惠施的名辯，終於剖析墨辯所含的邏輯——以現代邏輯分析的方法來處理古代墨學邏輯的問題。作者才疏學淺，錯漏難免，有賴高明指正。*

---

* 本章原屬作者[1995]，現經修訂。

參考書目

中文方面

王冬珍[1989]：《墨學新探》，臺北世界書局。

王先謙[1967]：《莊子集解》，臺灣商務印書館。

王叔岷[1988]：《莊子校詮》，臺灣中央研究院歷史語言研究所。

王路[2000]：《邏輯的觀念》，北京商務印書館。

方萬全[1997]：〈論陳漢生的物質名詞假設〉，收入葉錦明編《邏輯思想與語言哲學》，臺灣學生書局，第201-222頁。

戎子由、梁沛霖合編[1998]：《李天命的思考藝術》，終定本，香港明報出版社。

成中英[2001]：〈本體詮釋學洞見和分析話語——中國哲學中的詮釋和重構〉，文秉德譯，收入陳波主編《分析哲學——回顧與反省》，四川教育出版社，第662-682頁。

牟宗三[1994]：《名家與荀子》，臺灣學生書局。

牟鐘鑒[1983]：〈戰國時期的名辯思潮和惠施、公孫龍等人的辯學〉，收入任繼愈主編，《中國哲學發展史·先秦卷》，北京人民出版社。

李天命[1981]：《語理分析的思考方法》，香港青年書屋。

李匡武主編[1989]：《中國邏輯史·先秦卷》，甘肅人民出版社。

李漁叔[1988]：《墨子今注今譯》，臺灣商務印書館。

沈有鼎[1982]：《墨經的邏輯學》，中國社會科學出版社。

———[1992]：《沈有鼎文集》，北京人民出版社。

杜國庠[1962]：〈惠施、公孫龍的邏輯思想——附談莊子的名辯觀〉，

收入杜國庠文集編輯小組編《杜國庠文集》，北京人民出版社，第 531-542 頁。

岑溢成[1974]：〈公孫龍子及惠施之思想研究〉，《哲學與文化》，第 4 期，第 20-26 頁。

林正弘[1975]：《白馬非馬》，臺灣三民書局。

———[1986]：《符號邏輯》，臺北正中書局。

周山[1988]：《中國邏輯史論》，遼寧教育出版社。

———[1997]：《絕學復蘇——近現代的先秦名家研究》，遼寧教育出版社。

周昌宗[1991]：《公孫龍子新論》，上海社會科學院。

周柏喬[2001]：〈分析哲學中的一支中土異軍〉，收入陳波編《分析哲學——回顧與反省》，四川教育出版社，第 651－661 頁。

周雲之[1993a]：《先秦名辯邏輯指要》，四川教育出版社。

———[1993b]：《墨經校注·今譯·研究——墨經邏輯學》，甘肅人民出版社。

———[1996]：《名辯學論》，遼寧教育出版社。

周禮全主編[1994]：《邏輯百科辭典》，四川教育出版社。

屈志清[1981]：《公孫龍子新注》，湖北人民出版社。

胡適[1983]：《先秦名學史》，上海學林出版社。

———[1987]：《中國哲學史大綱》，卷上，北京商務印書館。

———[1991]：〈論墨學〉，姜義華主編《胡適學術文集·中國哲學史》下冊，北京中華書局，第 717-724 頁。

洪謙[1989]：《維也納學派哲學》，北京商務印書館。

———[1999]：《論邏輯經驗主義》，北京商務印書館。

姜寶昌[1993]：《墨經訓釋》，山東齊魯書社。

唐君毅[1966]:《中國哲學原論·導論篇》,香港人生出版社。

———[1986]:《中國哲學原論·原道篇二》,臺灣學生書局。

高亨[1958]:《墨經校詮》,北京科學出版社。

孫中原[1995]:《墨學通論》,遼寧教育出版社。

———[2001]:〈沈有鼎的墨家邏輯研究〉,《哲學研究》,第 3 期,
　　第 68-78 頁。

莊春波[1997]:《墨學與思維方式的發展》,北京中國書店。

梁啟超[1957]:《墨子學案》,台灣中華書局。

梁啟雄[1983]:《荀子簡釋》,北京中華書局。

許抗生[1983]:〈惠施思想研究〉,《中國哲學史研究》,第 3 期,第
　　50-57 頁。

莫紹揆[1980]:《數理邏輯初步》,上海人民出版社。

崔清田[1997]:〈名學、辯學與邏輯〉,《廣東社會科學》,第 3 期,
　　第 58-63 頁。

———主編[1997]:《名學與辯學》,山西教育出版社。

張永義[2001]:《墨子》,貴州人民出版社。

張家龍[1993]:《數理邏輯發展史——從萊布尼茨到哥德爾》,北京
　　社會科學文獻出版社。

張曉芒[1996]:《先秦辯學法則史論》,中國人民大學出版社。

陳波[2000]:《邏輯哲學導論》,中國人民大學出版社。

———[2001]:〈從中國哲學的角度看分析哲學的價值〉,收入陳波
　　編《分析哲學——回顧與反省》,四川教育出版社,第 713—
　　728 頁。

———編[2001]:《分析哲學——回顧與反省》,四川教育出版社。

陳癸淼[1977]:《墨辯研究》,臺灣學生書局。

———[1991]:《公孫龍子今注今譯》,臺灣商務印書館。

陳孟麟[1996]:《墨辯邏輯學新探》，臺灣五南圖書出版社。

———[1998]:《先秦名家與先秦名學》，臺北水牛出版社。

陳榮灼[1996]:〈作為類比推理的《墨辯》〉，收入楊俊賓、黃俊傑
　　　　合編《中國古代思維方式探索》，臺北正中書局，第 201-229
　　　　頁。

郭湛波[1932]:《先秦辯學史》，北京中華印書局。

溫公頤[1981]:〈惠施、公孫龍的邏輯思想〉，收入北京市邏輯學會
　　　　編輯組編，《全國邏輯討論會論文選集·1979》，北京中國
　　　　社會科學出版社，第 580-601 頁。

———、崔清田主編[2001]:《中國邏輯史教程·修訂本》，南開大
　　　　學出版社。

馮友蘭[1984]:〈公孫龍哲學〉，收入馮友蘭著，《三松堂學術文集》，
　　　　北京大學出版社，第 187-194 頁。

——— [1988]:《中國哲學史》上冊，收入《三松堂全集》第 2 卷，
　　　　河南人民出版社。

———[1989]:《中國哲學史新編試稿》，《三松堂全集》第 7 卷，
　　　　河南人民出版社。

———[1991]:《中國哲學史新編》第二冊，收入《三松堂全集》
　　　　第 8 卷，河南人民出版社。

馮棉[1989]:《經典邏輯與直覺主義邏輯》，上海人民出版社。

馮耀明[1989]:《中國哲學的方法論問題》，臺北允晨文化實業股份
　　　　有限公司。

———[1993]:〈中國哲學中的語言哲學問題——物質名詞理論的
　　　　商榷〉，收入馮耀明等編《分析哲學與語言哲學論文集》，
　　　　香港中文大學新亞書院，第 161-174 頁。

———[2000]:《公孫龍子》，臺北東大圖書公司。

董志鐵[1998]：《名辯藝術與思維邏輯》，北京中國廣播電視出版社。

楊武金[2000]　：〈論沈有鼎研究墨家邏輯的方法〉，收入諸葛殷同等編《摹物求比———沈有鼎及其治學之路》，北京社會科學文獻出版社，第 353-361 頁。

楊芾蓀主編[1988]：《中國邏輯思想史教程》，甘肅人民出版社。

楊俊光[1992]：《墨子新論》，江蘇教育出版社。

———[1996]：《惠施公孫龍評傳》，南京大學出版社。

詹劍峰[1981]：《墨子的哲學與科學》，北京人民出版社。

葉錦明[1993]：《中國哲學與分析哲學之互補》，博士論文，香港中文大學。

———[1994]：〈對描述論的邏輯分析〉，《自然辯証法通訊》，第 6 期，第 18-21 頁。

———[1995]：〈墨學邏輯研究———從數理邏輯的角度探討〉，《鵝湖學誌》，第 15 期，第 133-156 頁。

———[1996a]：〈對白馬論的邏輯分析〉，《人文中國學報》，第 3 期，第 151-163 頁。

———[1996b]：〈牟宗三先生論惠施之學〉，收入李明輝主編《牟宗三先生與中國哲學之重建》，臺灣文津出版社，第 377-386 頁。

———編[1997]：《邏輯思想與語言哲學》，臺灣學生書局。

———[2001]：〈對辯者二十一事的分析批判〉，收入陳波編《分析哲學——回顧與反省》，四川教育出版社，第 694—712 頁。

虞愚編著[1937]：《中國名學》，南京正中書局。

譚戒甫[1963]：《公孫龍子形名發微》，北京中華書局。

———[1964]：《墨辯發微》，北京中華書局。

諸葛殷同[2000]：〈試說《白馬論》〉，收入諸葛殷同等編《摹物求
　　　　　比——沈有鼎及其治學之路》，北京社會科學文獻出版社，
　　　　　第 389-396 頁。

錢穆[1931]：《惠施公孫龍》，上海商務印書館。

鍾友聯[1976]：《墨家的哲學方法》，臺灣東大圖書。

龐樸[1979]：《公孫龍子研究》，北京中華書局。

英文方面

Ackermann, R. [1967], *Introduction to Many Valued Logics*
(London:Routledge & Kegan Paul).

Anderson, A. and Zeleny, M. [2001], ed., *Logic, Meaning, and
Computation: Essays in Memory of Alonzo Church*
(Dordrecht: Kluwer Academic Publishers).

Arrington, R. and Glock, H. [1996], *Wittgenstein and Quine* (London:
Routledge & Kegan Paul).

Arthur, A. M. [1965], *Probability Theory* (London: Routledge &
Kegan Paul).

Austin, J. L. [1961], *Philosophical Papers*, ed. by J. O. Urmson and G.
J. Warnock (Oxford: Clarendon Press).

——————— [1962], *Sense and Sensibilia*, ed. by G. J. Warnock
(Oxford: Clarendon Press).

Ayer, A. J. [1946], *Language, Truth and Logic*, 2nd ed. (London:
Gollancz).

——————— [1959], ed., *Logical Positivism* (New York: The Free
Press).

——————— [1972], *Bertrand Russell* (London: Fontana).

Bell, J. [2000], "Sets and Classes as Many," *Journal of Philosophical
Logic*, 29.

Bloch, E. [2000], *Proofs and Fundamentals: A First Course in
Abstract Mathematics* (Boston: Birkhauser).

Borkar, V. [1995], *Probability Theory: An Advanced Course* (New
York: Springer).

Carnap, R. [1936], "Testability and Meaning," *Philosophy of Science*,
3.

——————— [1937], "Testability and Meaning--Continued,"
Philosophy of Science, 4.

——————— [1939], *Foundations of Logic and Mathematics* (Chicago:
The University of Chicago Press).

——————— [1950], *Logical Foundations of Probability* (Chicago: The
University of Chicago Press).

——————— [1956], *Meaning and Necessity: A Study in Semantics and*

Modal Logic (Chicago: The University of Chicago Press).
──────── [1958], *Introduction to Symbolic Logic and Its Applications* (New York: Dover Pub.).
──────── [1966], *An Introduction to the Philosophy of Science* (New York: Basic Books, Inc.).
──────── [1967], *The Logical Structure of the World* (Los Angeles: University of California Press).

Cheng, C. Y. [1997], "Philosophical Significance of Gongsun Long: A New Interpretation of Theory of Zhi as Meaning and Reference," *Journal of Chinese Philosophy*, 24.

Chong, C. Y. [1999], "The Neo-Mohist Conception of Bian (Disputation)," *Journal of Chinese Philosophy*, 26.

Clapham, C. [1969], *Introduction to Abstract Algebra* (London: Routledge & Kegan Paul).

Corfield, D. and Williamson, J. [2001], *Foundations of Bayesianism* (Boston: Kluwer Academic Publishers).

Crary, A. and Read, R. [2000], *The New Wittgenstein* (New York: Routledge).

Davidson, D. [1984], *Inquiries into Truth & Interpretation* (Oxford: Clarendon Press).

Dummett, M. [1993], *Origins of Analytic Philosophy* (Cambridge, Mass.: Harvard University Press).

French, A. P. [1958], *Principles of Modern Physics* (New York: John Wiley & Sons).

Friedman, M. [1999], *Reconsidering Logical Positivism* (Cambridge: Cambridge University Press).

Giere, R. and Richardson, A. [1996], eds., *Origins of Logical Empiricism* (Minneapolis: University of Minnesota Press).

Graham, A. [1978], *Later Mohist Logic, Ethics and Science* (Hong Kong and London: Chinese University Press).

Grandy, R. [1979], *Advanced Logic for Applications* (Boston: Reidel Pub. Co.).

Grice, H. P. and Strawson, P. F. [1956], " In Defense of a Dogma,"
　　　Philosophical Review, LXV.

Gross, B. R. [1970], *Analytic Philosophy* (New York: Pegasus).

Hallett, M. [1984], *Cantorian Set Theory and Limitation of Size*
　　　(Oxford: Clarendon Press).

Hanfling, O. [1981], *Logical Positivism* (Oxford: Blackwell).

————— [1981], ed., *Essential Readings in Logical Positivism*
　　　(Oxford: Blackwell).

Hansen, C. [1983], *Language and Logic in Ancient China* (Ann Arbor:
　　　University of Michigan Press).

————— [1992], *A Daoist Theory of Chinese Thought: A*
　　　Philosophical Interpretation (Oxford: Oxford University
　　　Press).

Harris, J. [2000], *An Introduction to Fuzzy Logic Applications*
　　　(Dordrecht: Kluwer Academic Publishers).

Hempel, C. [1965], *Aspects of Scientific Explanation* (New York: Free
　　　Press).

Heyting, A. [1956], *Intuitionism* (Amsterdam: North-Holland
　　　Pub.Co.).

Hochberg, H. [2001], *The Positivist and the Ontologist: Bergmann,*
　　　Carnap and Logical Realism (Amsterdam: Rodopi).

Hospers, J. [1967], *An Introduction to Philosophical Analysis*, 2nd ed.
　　　(Englewood Cliffs, NJ: Prentice-Hall).

Hughes, G. and Cresswell, M. [1989], *An Introduction to Modal Logic*
　　　(London: Routledge & Kegan Paul).

Hunter, J. [1990], *Wittgenstein on Words as Instruments* (Edinburgh: Edinburgh University Press).

Hylton, P. [1992], *Russell, Idealism and the Emergence of Analytic Philosophy* (Oxford: Clarendon Press).

Janik, A. [2001], *Wittgenstein's Vienna Revisited* (New Brunswick: Transaction Publishers).

Kleene, S.C. [1952], *Introduction to Metamathematics* (Amsterdam: North-Holland Pub. Co.).

Klir, G., St.Clair, U. and Yuan, B. [1997], *Fuzzy Set Theory: Foundations and Applications* (Upper Saddle River, NJ: Prentice-Hall).

Kripke, S. [1980], *Naming and Necessity* (Cambridge, Mass.: Harvard University Press).

Kyburg, H. and Teng, C. M. [2001], *Uncertain Inference* (Cambridge: Cambridge University Press).

Lacey, A.R. [1982], *Modern Philosophy* (London: Routledge and Kegan Paul).

Lemmon, E. J. [1968], *An Introduction to Axiomatic Set Theory* (London: Routledge & Kegan Paul).

Lewis, C. I. & Langford, C. H. [1931], *Symbolic Logic* (New York: Dover).

Lewis, D. [1998], *Papers in Philosophical Logic* (Cambridge: Cambridge University Press).

Linsky, L. [1967], *Referring* (London: Routledge and Kegan Paul).

———— [1977], *Names and Descriptions* (Chicago: The University of Chicago Press).

Lipschutz, S. [1981], *Theory and Problems of General Topology* (Singapore: McGraw-Hill International Book Co.).

Leonardi, P. and Santambrogio, M. [1995], *On Quine: New Essays* (Cambridge: Cambridge University Press).

Machover, M. [1996], *Set Theory, Logic and Their Limitations* (Cambridge: Cambridge University Press).

Mayberry, J. [2000], *The Foundations of Mathematics in the Theory of Sets* (Cambridge: Cambridge University Press).

McDonald, B. [2000], "On Meaningfulness and Truth," *Journal of Philosophical Logic*, 29.

Mendelson, E. [1997], *Introduction to Mathematical Logic*, 4th ed. (London: Chapman & Hall).

Munitz, M.K. [1981], *Contemporary Analytic Philosophy* (New York: Macmillan).

Nelson, L. and Nelson, J. [2000], *On Quine* (Belmont, CA: Wadsworth/Thomson Learning).

Nordenstam, T. [1972], *Empiricism and the Analytic-Synthetic Distinction* (Oslo: The Norwegian Research Council for Science and the Humanities).

Passmore, J. [1966], *A Hundred Years of Philosophy*, 2nd ed. (London: Duckworth).

Popper, K. [1959], *The Logic of Scientific Discovery* (New York: Basic Books).

————— [1963], "The Demarcation between Science and Metaphysics," in Schlipp[1963].

Priest, G. [2001], *An Introduction to Non-Classical Logic* (Cambridge: Cambridge University Press).

Putnam, H. [1975], *Philosophical Papers*, Vol. 2 (New York: Cambridge University Press).

—————— [1983], *Philosophical Papers*, Vol. 3 (New York: Cambridge University Press).

Quine, W. V. [1951], *Mathematical Logic*, 2nd ed. (Cambridge, Mass.: Harvard University Press).

—————— [1960], *Word and Object* (New York: John Wiley & Sons).

—————— [1961], *From a Logical Point of View*, 2nd ed. (Cambridge, Mass.: Harvard University Press).

—————— [1970], *Philosophy of Logic* (Englewood Cliffs, NJ: Prentice-Hall).

—————— [1981], *Theories and Things* (Cambridge, Mass.: Harvard University Press).

Reichenbach, H. [1949], *The Theory of Probability* (Cambridge: Cambridge University Press).

—————— [1966], *Elements of Symbolic Logic* (New York: The Free Press).

Romanos, G. [1983], *Quine and Analytic Philosophy* (Cambridge, Mass.: MIT Press).

Rorty, R. [1967], ed., *The Linguistic Turn* (Chicago: The University of Chicago Press).

Russell, B. [1905], "On Denoting," *Mind*, 14.

—————— [1919], *Introduction to Mathematical Philosophy* (London: George Allen and Unwin).

—————— [1918-19], "The Philosophy of Logical Atomism," rep. in *Readings in Twentith- Century Philosophy*, ed. by W. P. Alston and G. Nakhnilian (1963, New York : The Free Press), pp.298-380.

———— [1946], *History of Western Philosophy*, 2nd ed. (London: George Allen and Unwin).

————[1988], *Essays on Language, Mind and Matter 1919-26, The Collected Papers of Betrand Russell*, Vol.9, ed. by J. G. Slater (London: Unwin Hyman Ltd., 1988).

Ryle, G. [1949], *The Concept of Mind* (London: Hutchinson).

———— [1954], *Dilemmas* (Cambridge: Cambridge University Press).

Salmon, W. [1966], *The Foundations of Scientific Inference* (Pittsburgh: University of Pittsburgh Press).

Schilpp, P. A. [1946], ed., *The Philosophy of Bertrand Russell* (LaSalle, Ill.: Open Court).

———— [1963], ed., *The Philosophy of Rudolf Carnap* (LaSalle, Ill.: Open Court).

———— [1998], ed., *The Philosophy of Quine*, 2nd ed. (LaSalle, Ill.: Open Court).

Stern, D. [1995], *Wittgenstein on Mind and Language* (Oxford: Oxford University Press).

Strawson, P. F. [1950], "On Referring," *Mind*, 59.

———— [1952], *Introduction to Logical Theory* (London: Methuen).

———— [1967], ed., *Philosophical Logic* (Oxford: Oxford University Press).

Thierry, L. [1993], "Hui Shih and Kung Sun Lung: An Approach from Contemporary Logic," *Journal of Chinese Philosophy*, 20.

Vierheller, E. [1993], "Object Language and Meta-Language in the Gongsun-long-zi," *Journal of Chinese Philosophy*, 20.

Waismann, F. [1968], *The Principles of Linguistic Philosophy* (London: Macmillan).

Weitz, M. [1966], ed., *20-th Century Philosophy: The Analytic Tradition* (New York: Free Press).

Whitehead, A. N. and Russell, B. [1925-7], *Principia Mathematica*, 3 vols., 2nd ed. (Cambridge: Cambridge University Press).

Williamson, T. [1994], *Vagueness* (London: Routledge & Kegan Paul).

Wisdom, J. [1936-37], "Philosophical Perplexity," *Proceedings of Aristotelian Society*, XXXVI I. Included in Rorty [1967].

———— [1965], *Paradox and Discovery* (Oxford: Blackwell).

Wittgenstein, L. [1958], *Philosophical Investigations* (Oxford: Blackwell).

Zadeh, L.A. [1965], "Fuzzy Sets," *Information and Control*, 8.

———— [1975], "Fuzzy Logic and Approximate Reasoning," *Synthese*, 30.

國家圖書館出版品預行編目資料

邏輯分析與名辯哲學

葉錦明著. – 初版. – 臺北市：臺灣學生，
2003[民 92]
面；公分
參考書目：面

ISBN 957-15-1175-7 (精裝)
ISBN 957-15-1176-5 (平裝)

1. 理則學
2. 名家

150　　　　　　　　　　　　　　　　　92005507

邏輯分析與名辯哲學（全一冊）

著　作　者：葉　　　　錦　　　　明
出　版　者：臺　灣　學　生　書　局
發　行　人：孫　　　　善　　　　治
發　行　所：臺　灣　學　生　書　局
　　　　　　臺北市和平東路一段一九八號
　　　　　　郵 政 劃 撥 帳 號：00024668
　　　　　　電　話：(02)23634156
　　　　　　傳　眞：(02)23636334
　　　　　　E-mail：student.book@msa.hinet.net
　　　　　　http：//studentbook.web66.com.tw

本書局登
記證字號：行政院新聞局局版北市業字第玖捌壹號

印　刷　所：宏　輝　彩　色　印　刷　公　司
　　　　　　中和市永和路三六三巷四二號
　　　　　　電　話：(02)22268853

定價：精裝新臺幣三二〇元
　　　平裝新臺幣二五〇元

西 元 二 〇 〇 三 年 四 月 初 版